ISO 9001を活用した企業・組織の ムリ・ムダ・ムラ改善

古賀 章裕 著

日本規格協会

まえがき

　ISO 9001の第1版が1987年に発行されてから，すでに20数年経過している．今や世界中に普及し，日本でもほとんどの企業でISOの導入が行われている．しかし，ISO 9001という品質マネジメントシステム規格が，企業のシステム・カイゼンに，果たしてお役に立っているであろうか．ISOの認証取得のために多くの企業で人材や予算などの相当な資源を投入しているが，企業のシステム・カイゼンに成果があったという話を耳にすることは少ない．

　ISO 9001は2000年に企業のシステムの継続的カイゼンに焦点を当てた大改正が行われ，2008年版もすでに発行されている．このあたりで，発想を変えて，企業におけるISO導入の目的を，認証取得から企業のシステムの継続的カイゼンに切り替えてみてはどうだろうか．

　筆者は，長年にわたりISO 9001及びISO 14001ファミリーの研修や審査に携わってきた．ISO 9001：2000（第3版）が発行されて以来，"企業のシステム・カイゼンのために，ISO 9001をどのように活用すればよいのか？"と悩み続けてきた経緯がある．その結果として数年前に，一つの解が整理できたので，本書にまとめた次第である．

　企業のシステム・カイゼンのポイントは，経営層が率先垂範して全員参加で，マネジメントシステム規格を使って，双方向のコミュニケーションを図る習慣をつけることである．つまり，"企業のシステムの何をカイゼンすべきか？"の原因分析において，ISO 9001を大いに活用することが重要である．なぜならISO 9001は，世界中の識者が集まって体系的にまとめてくれた，企業のシステム・カイゼンのための品質マネジメントシステム規格だからである．

　本書を通じてISO 9001の便益を今一度理解し直してもらえば幸いである．
　2010年9月

古賀　章裕

目　次

まえがき …………………………………………………………… 3

第1章　本書の前提と本書で使う主な用語の説明 ……………… 9

第2章　企業は今，何の"カイゼン"に着手すれば
　　　　よいのだろうか？ ………………………………………… 15

第3章　ISO 9001は"部門型管理システム"運用の
　　　　ムリ・ムダ・ムラのカイゼンに役立つ …………………… 19

第4章　プロセスとは？ …………………………………………… 29

第5章　ISO 9001を特性要因図として描く …………………… 35

第6章　ISO 9001の主要な条項の並べ替え …………………… 43

第7章　リーダーとして備えるべき"マインドの質"
　　　　についての10のポイント ………………………………… 55

　ポイント①　"部下の失敗は，上司の責任"と考える …………… 58
　ポイント②　ISO 9001を有効活用して，説明/遂行責任が果たせる … 61
　ポイント③　山本五十六サイクルを大いに使って人材育成ができる …… 66
　ポイント④　悪い情報を積極的に吸い上げ，経営層にインプットする
　　　　　　　ことで問題解決できる ……………………………… 70

ポイント⑤	リーダーの"マインドの質"レベルが上がれば，品質コストは大幅に下がる	75
ポイント⑥	究極のコストダウンのために，ビジネスのトラブル（リスク）を減らす	78
ポイント⑦	〈内部/外部〉お客様の不満足に関する情報は，すべて"宝の山"と考える	83
ポイント⑧	〈内部〉お客様の満足なくして，〈外部〉お客様の満足なし	85
ポイント⑨	後始末より，前始末を考える	89
ポイント⑩	"ISO 9001を使ったカイゼン"が主導できる	95

第8章　ISO 9001を使った，リーダーによる"部門型管理システム"運用のムリ・ムダ・ムラのカイゼンの極意　99

第9章　ISO 9001を使った，リーダーによる"ビジネス（品質）の不都合な結果"のカイゼンの事例研究　117

第10章　ISO 9001を使った，リーダーによるISO内部監査の実行の極意　149

第11章　ISO 9001を使った，リーダーによる日常の"プロセス"のマネジメントの極意　173

あとがき　189

〈巻末資料〉
・カイゼンの可能性報告書…………………………………………………… 192
・表1　あるプロセスにおける，品質・環境・安全側面でのマネジメント
　　　　すべき関連条項対比表………………………………………………… 194
・表2　企業の"部門型管理システム"を ISO 9001 で分解し一連
　　　　の活動を抽出する方法………………………………………………… 197
・表3　当該プロセス・リーダーとして自己反省すべきポイントの例………… 200

参 考 文 献 ……………………………………………………………………… 201
索　　　　引 ……………………………………………………………………… 205
著 者 紹 介 ……………………………………………………………………… 207

第1章 本書の前提と本書で使う主な用語の説明

(1) 本書の前提

"まえがき"でも触れたように本書は，ISO 9001の内容の詳細な解説書ではない．筆者が長年にわたり培った経験を基に，ISO 9001のどの条項に着目して活用すれば，企業のシステム・カイゼンに役立つかを説明しようとしている．したがって，それぞれの条項の文面に従った内容について逐一解説する意図はない．内容については，読者の方々がISO 9001を今一度，学習して理解を深めていただきたい．なお，ISO 9001を始めとするマネジメントシステム規格の詳細な内容については，ISO 9001 (JIS Q 9001)，ISO 14001 (JIS Q 14001) 及びOHSAS 18001の本文を活用されたい．英語が正式な原語なので，それぞれの英和対訳版の活用をお勧めする．

ISO 9000 (JIS Q 9000) の用語や8原則のタイトル，並びにISO 9001の条項のタイトルについて，筆者が強調したい点については，〈 〉で表記し補足した．ISO 9000の用語や"品質マネジメントの8原則"の定義，並びにISO 9001などの要求事項についてはそのまま引用し，"補足すれば"と断って記述した．その他の補足については，必要な箇所で断って〈 〉で記述した．記述した文の中で，ISO 9001と関連することは，(○○○項参照) とISO 9001のを省略して表記した箇所がある．できるかぎり"ISO 9001の，ISO 9000の，ISO 14001の"などと識別して記述した．

ISO 9001の適用範囲の1.1節"一般"には，
"この規格は，次の二つの事項に該当する組織に対して，品質マネジメントシステムに関する要求事項について規定する．

a) 顧客要求事項及び適用される法令・規制要求事項を満たした製品を一貫して提供する能力をもつことを実証する必要がある場合

b) 品質マネジメントシステムの継続的改善のプロセスを含むシステムの効果的な適用，並びに顧客要求事項及び適用される法令・規制要求事項への適合の保証を通して，顧客満足の向上を目指す場合"

とある．

本書は，このb）の実行にフォーカスしている．企業のシステム・カイゼンに使うのであれば，認証取得のための ISO 9001 の活用の仕方とは異なってよい．ISO 9001 に記述されている，すべての条項の文面どおりに忠実に従う必要はない．自企業のシステムの弱点をカイゼンしたい事項に関連する，必要な条項のみを有効活用してよい．必要な条項の選択権は ISO 9001 のユーザーである企業にあると筆者は理解している．

(2) 本書で使う主な用語の説明

ISO 9000（JIS Q 9000）の用語の定義に準拠した．本書では，"顧客"＝"お客様"，"組織"＝"企業"と，置き換えて表現した．

・"〈内部／外部〉お客様"

ISO 9000 の 3.3.5 項 "顧客" の定義は，"製品を受け取る組織又は人" となっている．注記に，"顧客は，組織の内部又は外部のいずれでもあり得る" と述べているので，読者の認識を高める目的で筆者は，"〈内部／外部〉お客様" と〈 〉を追記して表現した．

企業のシステム・カイゼンで重要なのは，"〈内部〉お客様" の明確化である．

同様に ISO 9000 の 3.3.6 項 "供給者" の注記 1 に基づき，"〈内部／外部〉供給者" と本書では表現した．筆者は，供給者はビジネスパートナーとして重要な企業の一員と認識している．

・"部門型管理システム"

ISO 9000 の 3.2.1 項 "システム" の定義は，"相互に関連する又は相互に作用する要素の集まり" となっている．補足すると，企業のシステムを構成する要素が一連の "部門" で構築されている構造／仕組みのこと．また，企業における現状のシステム運用を "管理" 主体で運用している構造／仕組みのこと．組織図などで理解できるように，"縦型" で各部門が配置されている．

・"プロセス型マネジメントシステム"

部門ベースから，"プロセス" ベースに組織構造を変換したシステムのこと．ちなみに，ISO 9000 の 3.3.2 項 "組織構造" には，"人々の責任，権限及び相互関係の配置" と定義がある．補足すると，企業の責任，権限や役割分担をもっと明確にわかりやすくするカイゼンを目指すことである．

組織構造を変換するには，各部門の機能を一連の活動に分解して，"プロセス" として再編する必要がある．企業の要素を再編された一連の "プロセス" で再構築したシステムのことである．

ISO 9000 の 3.2.2 項 "マネジメントシステム" の定義は，"方針及び目標を定め，その目標を達成するためのシステム" となっている．ISO 9000 の 3.2.8 項 "品質マネジメント" の定義は，"品質に関して組織を指揮し，管理するための調整された活動" となっている．ポイントは，注記にある．注記には "品質に関する指揮及び管理には，通常，品質方針及び品質目標の設定，品質計画，品質管理，品質保証及び品質改善が含まれる" とある．補足すると 3.2.2 項と，品質という用語を外して 3.2.8 項の注記を合わせて理解するとよい．すなわち企業が設定したビジネスの目標の達成に向けて，システム運用で計画―管理―保証―改善のサイクルを回している構造／仕組みのこと．

"部門型管理システム" は "縦型" で，各部門ごとに管理主体で運用している構造に対して，"プロセス型マネジメントシステム" は "横型" で一連の "プロセス" をマネジメントしている構造である．

・"ムリ・ムダ・ムラ"

　企業のシステム運用において，発生している又は発生する可能性のある事象．企業のシステム運用の"ムリ・ムダ・ムラの多さ"と表現する場合，企業のシステム運用の"有効性及び効率の悪さ"，又は企業のシステム運用の"成熟度レベルの低さ"と同等の意味である．

・"ビジネス"

　企業が行っている事業のこと．企業の事業を成功へ導くために，最低限，"品質"，"環境"，"安全"及び"財務"の四つの側面，並びに"責任"をバランスよく企業の人々が認識する必要がある．
　品質側面を主に取り扱っている場合は，"ビジネス（品質）"と表現した．

・"利害関係者"

　ISO 9000 の 3.3.7 項"利害関係者"には，"組織のパフォーマンス及び成功に利害関係をもつ人又はグループ"と定義している．補足すると本書では，〈内部/外部〉お客様，〈内部/外部〉供給者，従業員，地域社会，株主のこととした．

・"ビジネスの不都合な結果"

　企業のシステムの運用において，すでに発生している又は発生する可能性のある，"利害関係者の不満足"を含む，企業にとっての悪い結果．ISO のルールでは，ポジティブな表現を前提としているが，ネガティブな表現が"カイゼンの必要性"に気づきやすいので，"不都合な"，"悪い"などの表現を本書では用いた．"満足の向上"についても，"不満足のカイゼン"などと表現した．
　ちなみに，ISO 9000 の 3.4.2 項"製品"は，"プロセスの結果（result）"と定義している．

第1章　本書の前提と本書で使う主な用語の説明

・"マインド（こころ）の質"

　企業のシステムを動かしているのは，企業で働く及び企業のために働く人々である．人々の中でも，企業のリーダーの社会的な責任を中心とした責任能力の成熟度レベルを，"マインドの質"レベルと表現した．

　企業の責任能力は，人々の責任能力の総和以上にはならないといわれているが，三つのマネジメントシステム規格を学習して，リーダーの"マインドの質"レベルを高めるベース作りが大切である．

・"リーダー"

　経営トップを含む経営層及び役職者すべてを，"リーダー"と表現している．"プロセス・リーダー"とは，"プロセス"の結果に責任を有している人のことである．言い換えればプロセスのオーナー（責任者）である．部門ベースの場合は，"プロセス・リーダー"を"部課長"と置き換えるとよい．

・"トラブル"

　仕事上の人的ミスやエラー，並びに仕事の非効率に関する問題のこととした．

・"リスク"

　一般的には，（仕事上のトラブルが発生する頻度）×（トラブルが発生したときの影響度）＝リスク（重大性）である．本書では，わかりやすくするために，リスク≒利害関係者の不満足又はトラブルのこととした．

・"つながりや相互関係"

　企業のシステムを構成している，一連の部門又は"プロセス"は，それぞれつながっており，相互に関係しているという意味である．カイゼンの視点では，"つながりや相互関係"が，目で見えるようになれば，カイゼンの必要性に誰でも気づくはずである．筆者は，この気づきを高めるために，○○の"つながりや相互関係"という表現を用いた．

"部門間の障壁の高さ／低さ"とは,"部門間のつながりや相互関係の弱さ／強さ"と同等のこととした.また,"当該部門／プロセスの〈内部／外部〉お客様側の不満足が多い／少ない"とは,"当該部門／プロセス間のつながりや相互関係が弱い／強い"と同等のこととした.

第 2 章　企業は今，何の"カイゼン"に着手すればよいのだろうか？

企業のムリ・ムダ・ムラ

　一般的な企業の"部門型管理システム"運用におけるムリ・ムダ・ムラの多さをコストとして換算すると，売上高の 30% 以上ある，又は税引き前の純利益を超えているというデータがある．このデータは，米国の P.B. クロスビー博士や英国政府などで報告されている．なお，P.B. クロスビー博士は，"品質マネジメント成熟度表"で企業の"部門型管理システム"の成熟度レベルを 5 段階に分けて論じており，ISO 9004 の 2009 年版でも企業の成熟度レベルを 5 段階で自己評価できるようになった．

　図 2.1 に企業の"部門型管理システム"のイメージを示す．縦方向に部門が独立して並んでいる．上部が主にスタッフ部門で，中間が製品を生み出しているライン部門で，下部がライン部門をサポートしている部門である．中間部分のラインの各部門をストレートな点線で結んでみた．

　果たして，あなたの会社では利害関係者のうち〈外部〉お客様のニーズ・期待に応じて，スムーズに製品/サービスを提供し〈外部〉お客様を満足させるシステムになっているだろうか．すべての"部門間での障壁の存在"と"部門間のつながりや相互関係の複雑さや不透明さの存在〈空白/不連続領域の存在〉"に気づくはずである．"部門型管理システム"運用上のムリ・ムダ・ムラの存在は，容易に推定できる．ムリ・ムダ・ムラの多い"部門型管理システム"を運用すれば，"利害関係者の不満足"を含む"ビジネスの不都合な結果"が多いはずである．しかし，企業は，これらの"ビジネスの不都合な結果"をカイゼンしていく社会的な責任を有しているのではないだろうか．

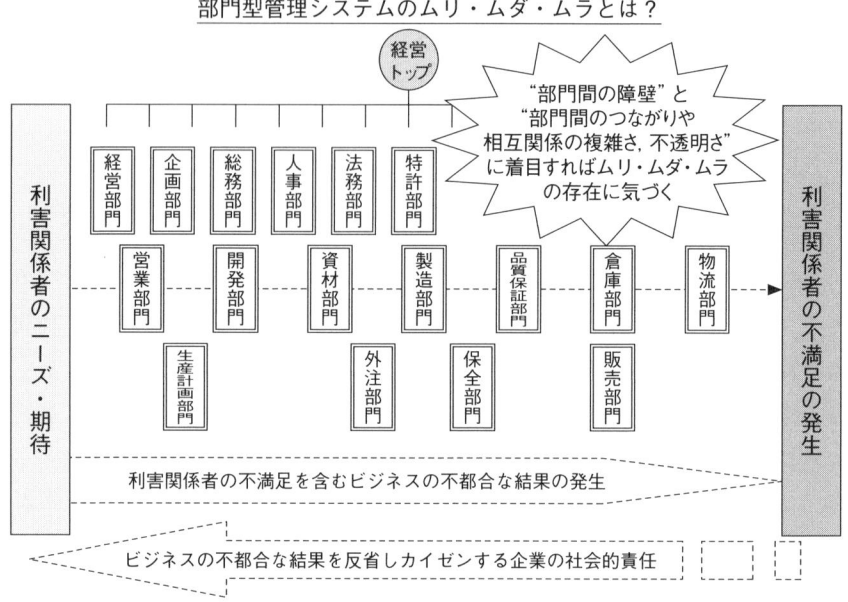

図 2.1 現状の部門型管理システムのイメージ

リーダーのマインドと ISO 9001

とはいえ，この企業の"部門型管理システム"運用のムリ・ムダ・ムラの実データに関して，改めて測定や検証から入るには，たとえこのデータを正しく把握できたとしても，時間がかかり過ぎる．それよりもムリ・ムダ・ムラのカイゼンを実行するために成功の鍵となるのは，体系的に真の原因を分析することである．

"企業は人なり"とよくいわれる．リーダーがまずなすべきことは，P.B. クロスビー博士や英国政府のデータをまず素直に受けとめることである．自企業のビジネスの持続可能な成功のために，積極的にこのムリ・ムダ・ムラのカイゼンに挑戦してみようとする"マインドの質"レベルを，リーダーが備えている必要がある．

実際には，企業の"利害関係者の不満足"を含む"ビジネスの不都合な結果"

に着目できるかどうかである．

この"ビジネスの不都合な結果"に着目して，すべてのリーダーが一丸となってそれらを反省しカイゼンを促進することが，企業の持続可能な成功のために必要かつ不可欠である．このことを，リーダー自身がまず認識（自覚）するべきである．幸いなことに現在では，企業のシステム・カイゼンに役立つ2000年以降の"品質マネジメントシステム規格（ISO 9001：2008）"が存在する．リーダーが，"〈内部/外部〉お客様の不満足"を含む"ビジネス（品質）の不都合な結果"に着目して，反省し継続的にカイゼンを促進できる有効なツールとなっている．

本書では，この"〈内部/外部〉お客様の不満足"を含む"ビジネス（品質）の不都合な結果"をカイゼンするための，ISO 9001の効果的な活用方法を中心に論じる．

現状はこのISO 9001の本質を活用していない企業が多い．大半の企業では単なる適合性（システムのありなし）の認証取得のためにだけISO 9001を活用しているのではないだろうか．結果は，認証維持のための費用を支払い続けているのが現状である．その証（あかし）として，ISO 9001を導入して10数年前後が経過しているにもかかわらず，"〈内部/外部〉お客様の不満足"を含む"ビジネス（品質）の不都合な結果"のカイゼンに成功している企業は多くない．もったいない限りである．

企業の社会的責任

カイゼンを成功させるためには，企業のシステム運用に責任のあるリーダーが，社会的な責任を認識（自覚）していることがポイントである．"〈内部/外部〉お客様の不満足"を含む"ビジネス（品質）の不都合な結果"が発生した場合，リーダーが説明/遂行責任を果せる"マインドの質"レベルに達していることが重要である．

近年，企業の不祥事が多発しているが，その後の処置でリーダーが十分に説明責任を果たしていないケースが多い．"経営層の責任"に対する，企業内部

の原因追及も曖昧なことが多い．その結果，〈内部／外部〉お客様の信頼の回復には，ほど遠い企業が多すぎるのではないだろうか．

　この説明責任を効果的に果たすためにも，〈内部／外部〉お客様の立場で作成されたISO 9001の本質を理解して活用すれば大いに役立つ．企業の不祥事などが発生した場合，リーダーは，株主重視のみならずその他の利害関係者に対してもバランスよく配慮して，企業の社会的な説明責任を果たす必要がある．その究極の必要性としてISOは，企業の社会的責任のISO 26000（SR国際規格）を2010年後半にも発行を予定している．しかしISO 9001：2008（品質），ISO 14001：2004（環境）及びOHSAS 18001：2007（安全）の三つのマネジメントシステム規格の本質を適用して，効果的な企業の説明／遂行責任を果たす土台作りをしておかないと，ISO 26000などが発行されても十分に役に立てられない恐れがある．

　企業のシステム・カイゼンの実行により，企業はビジネスの持続可能な成功を達成していくことが可能となる．この目的を達成するためには，まずリーダー自身が本書を介して，改めてISO 9001，ISO 14001及びOHSAS 18001の本質をよく理解し直して，企業のシステム・カイゼンの主導ができるレベルまで"マインドの質"レベルを高めていただきたい．そのために本書では，まず企業のシステムの要素をほとんどカバーしている，ISO 9001を中心に論じる．

第3章　ISO 9001は"部門型管理システム"運用のムリ・ムダ・ムラのカイゼンに役立つ

プロセスの妥当性の確認

　ISO 9001は1987年に第1版が発行され，2000年の大改正で第3版として発行され，ほとんど完成したといっても過言ではない．日本には，W.E. デミング博士やJ.M. ジュラン博士たちの理論に学び，品質管理（QC）手法や創意工夫とカイゼン活動により，"製品"の品質を高めて"ジャパン・アズ・ナンバーワン"と言わしめた歴史がある．日本の強みの一つは製造工程での製品品質の作り込みがよく，検査レスに近かったことである．これが第3版のISO 9001では製造工程だけにとどまらず，すべての"プロセス"の妥当性確認（7.5.2項([1]) 参照）として反映されている．

　リーダーはまず，顕在化している企業の"〈内部／外部〉お客様の不満足"を含む"ビジネス（品質）の不都合な結果"を取り上げてみることである．ただし，この"ビジネス（品質）の不都合な結果"に直接関係する"当該プロセス"だけの問題としないことが重要である．企業のシステム全体，すなわち，すべての"プロセス"の妥当性確認のためにISO 9001の7.5.2項([1]) を使って考えてみることがポイントである．企業のシステム・カイゼンのためには，決してISO 9001の適用範囲を狭くしてはならない．むしろ広く適用を拡大していくことである．

　　　注([1])　ISO 9001の7.5.2項"製造及びサービス提供に関するプロセスの妥当性確認"には，次の記載がある．"組織は，これらのプロセスについて，次の事項のうち該当するものを含んだ手続きを確立しなければならない．
　　　　　a) プロセスのレビュー及び承認のための明確な基準
　　　　　b) 設備の承認及び要員の適格性確認
　　　　　c) 所定の方法及び手順の適用
　　　　　d) 記録に関する要求事項（4.2.4参照）
　　　　　e) 妥当性の再確認"

部門間の障壁の打破

W.E. デミング博士の"マネジメント（経営）の 14 のポイント"の中で 9 番目のポイントには，"部門間の障壁を取り除く．研究，設計，営業，製造部門の人間が，製造上の問題を予測し解決するために，一つのチームとして一緒に働かなければならない"ことを提言している．

ISO 9000 には，ISO 9001 の設計のベースとなっている"品質マネジメントの 8 原則"（0.2 節）がまとめられている．その中で，"部門間の障壁を取り除く"ことの具体的な方法として，次のように定義している．

- "プロセスアプローチ"："活動及び関連する資源が一つのプロセスとして運営管理〈マネジメント〉されるとき，望まれる結果がより効率よく達成される".
- "〈内部 / 外部〉お客様重視"："組織はその顧客に依存しており，そのために，現在及び将来の顧客ニーズを理解し，顧客要求事項を満たし，顧客の期待を越えるように努力すべきである".

この二つのコンセプトをまとめていることからも，"部門間の障壁を取り除く"ことの重要性をうかがい知ることができる．

図 3.1 に"プロセスアプローチ"と"〈内部 / 外部〉お客様重視"を大いに活用して，企業の"部門間の障壁を打ち破る"ために，21 世紀の経営の座標軸が縦軸から横軸へ変化しているイメージを示す．少し解説すると，図 3.1 の上部に示した部門間の障壁を完全に打ち破るためには，"プロセスアプローチ"という手法を使うことである．その手法の概要を述べる．詳細は，本書の第 11 章で述べる．

① 企業の各部門の機能を ISO 9001 を使って，"活動"レベルの大きさに分解する．
② 条項番号が関連する一連の活動を，部門横断的に集めて"プロセス"レベルの大きさに再編する．
③ 再編した"プロセス"をコアプロセスとサポートプロセスに分けて配置し，上流側から下流側に向けて実線で結ぶ．

第3章 "部門型管理システム"運用のムリ・ムダ・ムラのカイゼン　　21

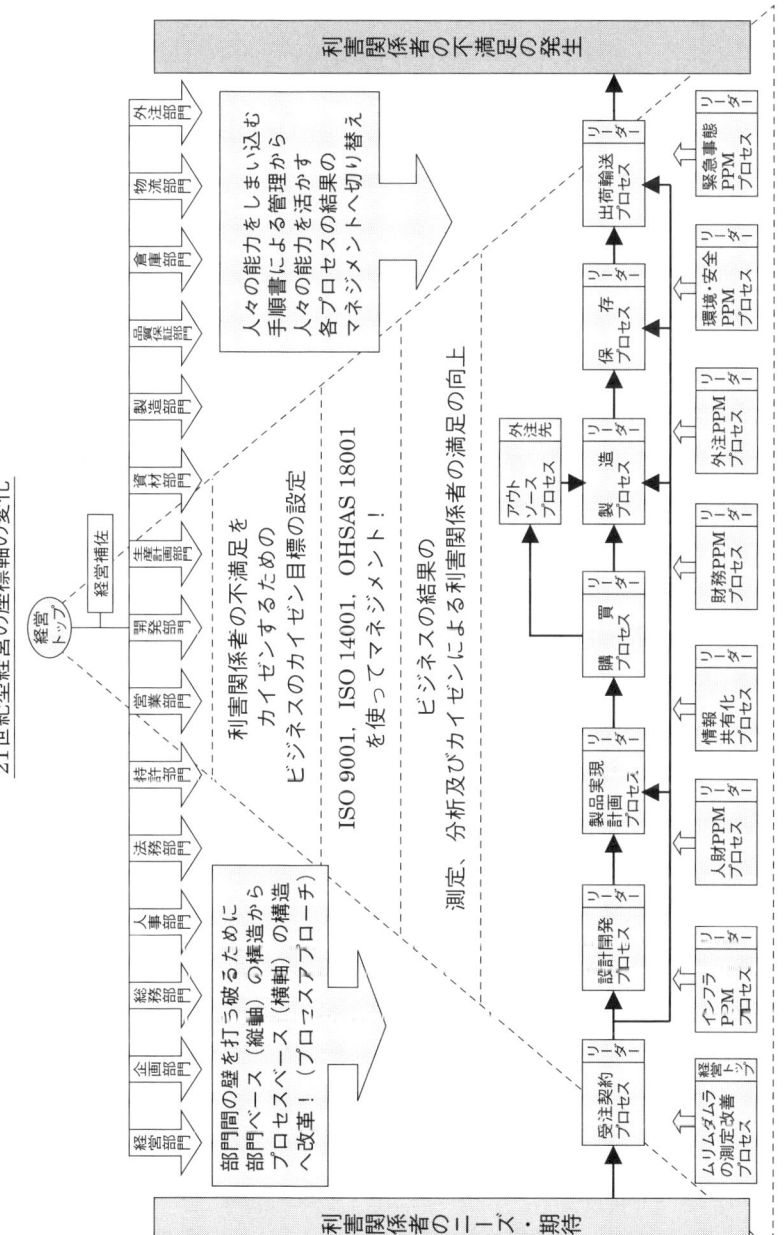

注 PPMは、Plan, Provide, Maintainの略。

図 3.1　経営の座標軸は縦軸から横軸に変化

〈内部／外部〉お客様

　この手法を用いた結果のイメージを図3.1の下部に示した．ISO 9001を使ったカイゼンの視点で重要なのは，"〈内部／外部〉お客様重視"である．縦軸の部門ベースでは，どの部門が〈内部〉お客様側なのかわからないまま，システムを運用している．"プロセス"ベースでは，下流側の"プロセス"が〈内部／外部〉お客様である．

　〈外部〉お客様の情報，製品及び"プロセス"の実際の流れに従って，実線で結ぶことである．"どちらが〈内部〉お客様側になるのか？"を決めて，"〈内部〉お客様側の不満足"をカイゼンの対象として取り上げることである．このときもISO 9001の適切な条項（8.2.1項"顧客満足"，5.4.1項"品質目標"など参照）を活用することを忘れてはならない．

　システム・カイゼンが，成功している企業では，次のことをよく理解している．"部門間の障壁（縦軸）が，〈外部〉お客様の情報，製品及び'プロセス'の流れ（横軸）を妨げないときに，企業のシステム運用のムリ・ムダ・ムラが最少になる"．その結果として，〈内部／外部〉お客様に対して最大の付加価値（満足）を提供できる．

　"プロセスアプローチ"に基づく企業の新しいシステム（"プロセス型マネジメントシステム"）の構築は，一朝一夕には完成しない．というのもW.E.デミング博士が"部門間の障壁を取り除く"こととわざわざ述べていることからも理解できるように，企業の歴史があればあるほど部課長クラスの部門のリーダーは，部門内でのカイゼンを優先しがちである．また，部門間で発生している，又は発生する可能性のあるトラブルは，自部門の都合を優先する傾向にある．これは，セクショナリズムが蔓延しているといわざるを得ない．したがって"プロセスアプローチ"を促進しているISO 9001の本質について，部門のリーダーが理解し活用するには時間がかかると思われる．企業のシステム・カイゼンを成功へ導くには，経営層の決断と指揮が重要である．

　そうはいっても，企業のシステム運用のムリ・ムダ・ムラのカイゼンに早く着手しなければならない．部門ベースの環境では全体最適の効果を得るのは難

第3章 "部門型管理システム"運用のムリ・ムダ・ムラのカイゼン　　23

しいが，"〈内部/外部〉お客様重視"という ISO 9001 の本質を理解すればそれも不可能ではない．"部門間の障壁を取り除く"ために，"組織図"などを使って，図 3.2 に示すように，主要な部門間を実線で結んでみることである．

　線で結ぶと，この線の"つながりや相互関係"は大丈夫かとか，複雑だとか，カイゼンの必要性の意見が出てくるはずである．〈外部〉お客様の情報，製品及び仕事の流れなどに沿って，実線で結ぶと，矢印の先端が〈内部/外部〉お客様側になる．"〈内部/外部〉お客様重視"で"〈内部/外部〉お客様側の不満足（8.2.1 項"顧客満足"参照）"の多そうな部門間からカイゼンに着手するとよい．着手したときは，カイゼンのための品質カイゼンの目標設定（5.4.1 項"品質目標"参照）を，"〈内部/外部〉お客様重視"で実行することである．

　ポイントは部門ベースであっても，ISO 9001 の適切な条項を活用することを忘れてはならない．自分たちはしっかり仕事を実行しているつもりでも，お客様側がどう思っているか確認し，カイゼンに着手することが ISO 9001 の本質だからである．

主要部門間の障壁のカイゼン
〈内部/外部〉お客様側重視で品質カイゼン目標の設定

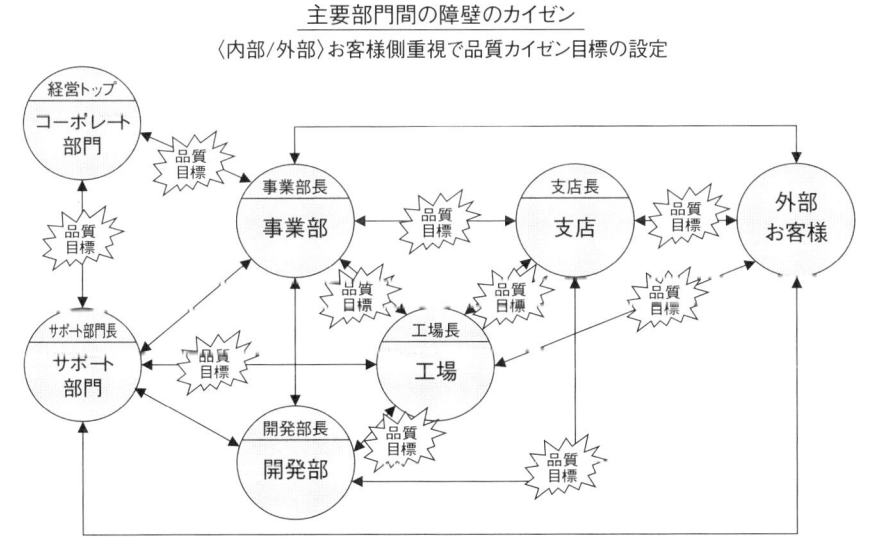

図 3.2　企業の主要部門間の障壁をカイゼンするイメージ

ISO 9001 を使った，企業内部のシステム・カイゼンの視点を整理しておく．
① 企業の部門間の障壁の存在を再認識する．
② 企業内部システムを構成する部門／プロセス間の"つながりや相互関係"を実線で結ぶ．
③ 〈内部／外部〉お客様側を明確にする．
④ "〈内部／外部〉お客様の不満足"の情報に傾聴する．
⑤ ISO 9001 の適切な条項と"結びつけ"ながら，反省とカイゼンを実行する．
⑥ 部門間の障壁が低くなったか，"つながりや相互関係"が強化されたか，"お客様側の不満足"は少なくなったかを検証する．

サプライチェーンに適用を広げる

W.E. デミング博士の提唱した"深遠なる知識の体系"の中の一つに"システムの理解－供給者，製造及びお客様を含めたプロセス全体を理解する"がある．これは単に企業内部のシステムを構成している部門／"プロセス"だけの適用にとどまっていない．ビジネスパートナー（供給者）及びエンドユーザーなどの〈外部〉供給者や〈外部〉お客様を含んだ，全体の大きな"つながりや相互関係"まで及んでいる．一般的にはサプライチェーン又はバリューチェーンと呼ばれている．

ISO 9000 の"品質マネジメントの8原則"（0.2節）には，"〈内部／外部〉お客様重視"と"プロセスアプローチ"のほかに，次のように定義している．
- "マネジメントへのシステムアプローチ"："相互の関連するプロセスを一つのプロセスとして，明確にし，理解し，運営管理〈マネジメント〉することが組織の目標を効果的で効率よく達成することに寄与する"．
- "〈内部／外部〉供給者との互恵関係"："組織及びその供給者は相互依存しており，両者の互恵関係は両者の価値創造能力を高める"．

補足すると，これらの重要なコンセプトは，サプライチェーン全体まで含めることを意図していると理解するとよい．

企業内外の供給者及びお客様を含めて，企業内部のシステム運用のムリ・ムダ・ムラを反省しカイゼンするための適用範囲を徐々に広げ，最終的に，サプライチェーン全体でのムリ・ムダ・ムラのカイゼンを意図するのである．企業のシステム・カイゼンでは，ISO 9001の適用範囲の限定をしないことである．企業が認証取得するときには，営業部門，設計・開発領域やアフターサービス領域などを除いて適用範囲を狭くして，認証取得しているケースがある．しかし，サプライチェーン上の主要なすべての部門間の障壁を低くすることが，ISO 9001のメイン条項である8.5.1項"継続的改善"の目的であることを理解しておいていただきたい．

経営層のリーダーシップ

日本の"製品"の品質管理技法の弱みの一つは，大量生産時代に"よい製品を作れば売れるはずだ"のシーズ動機型であったことである．企業のシステム全体ではなく，製造ラインの現場を中心として，第一線の監督者のもとでQC手法とQCサークル活動を限定的に実施した点である．

結果として大企業では，第一線の監督者に任せっきりになり，"製品"などの問題解決において，経営層が現場で陣頭指揮をとっている企業が少なくなった．今でもビジネスが成功している日本の企業では，経営層が一緒になって，現場で陣頭指揮をとっている．そして品質管理（QC）手法などを上手に活かしながら，"製品"だけにとどまらずビジネスの問題解決を含めて陣頭指揮をとっている．経営トップが動けば専務や常務，部課長も動かざるを得ないし，ビジネス全体の問題解決のスピードアップにもつながる．

経営層が参画しない企業のシステム・カイゼンが成功するはずがない　だからこそ，ISO 9001は，第5章に"経営者の責任"を要求しているのである．

繰り返すが，"品質マネジメントの8原則"をベースに設計されたISO 9001の最新版を，リーダーが率先垂範して学習することが重要である．ISO 9001の本質を理解し，企業のシステム・カイゼンに有効活用できるように，リーダーの"マインドの質"レベルを高めることである．これが企業の競

争優位を確保し維持し，持続的なビジネスの成功をもたらすためのポイントとなる．

"品質マネジメントの8原則"の一つである"リーダーシップ"［ISO 9000の 0.2 節の b)］は，"リーダーは，組織の目的及び方向を一致させる．リーダーは，人々が組織の目標を達成することに十分に参画できる内部環境を創りだし，維持すべきである"と定義している．

マネジメントと品質

少し注意すべき点に触れておく．英語の"マネジメント"という日本語訳が，"経営（層）"と訳されず，"管理（層）"と狭く訳されている場合がある．その結果として，経営層が参画していない場合が多いので注意を要する．ISO 9001 は W.E. デミング博士や J.M. ジュラン博士の理論の本質も踏まえ，現在の日本では弱いと思われる"経営層の責任"に言及している．"品質マネジメントの8原則"の一つである**"人々の参画"**［ISO 9000 の 0.2 節の c)］は，"すべての階層（レベル）の人々は組織にとって根本的要素であり，その全面的な参画によって，組織の便益のためにその能力を活用することが可能となる"と定義している．補足すると，経営層を含むすべての人々の参画を設計のベースに取り入れている．

ISO 9000 の 3.2.8 項"品質マネジメント"[1]の注記には"品質に関する指揮及び管理には，通常，品質方針及び品質目標の設定，品質計画，品質管理，品質保証及び品質改善が含まれる"と述べている．補足すると"品質マネジメント"には，品質のカイゼンまで含んでいる．そして，適切な品質のカイゼン目標を設定して，Plan-Do-Check-Act サイクルを回すという意味であり，チェック及びアクト（カイゼン）を強調していると理解するとよい．したがって筆者は，"マネジメントする"こととは，"反省しカイゼンする"ことと表現している場合が多い．PDCA サイクルにおける，"管理（コントロール）"とは，実行（Do）の管理をする領域のみで，品質マネジメントの一部に過ぎない．

注[1] "品質マネジメント"の定義は，"品質に関して組織を指揮し，管理する

第3章 "部門型管理システム"運用のムリ・ムダ・ムラのカイゼン　　27

ための調整された活動"と定義がある．

　ISO 9000の3.1.1項"品質"の定義は，"本来備わっている特性の集まりが，要求事項を満たす程度"となっている．補足すると"本来備わっている何の品質をカイゼンすればよいのか？"を考えて理解しておくとよい．ターゲットは，企業のシステム運用のムリ・ムダ・ムラのカイゼンである．フォーカスすべきは，企業のシステムを運用している人々の中でも，リーダーである．企業のシステム・カイゼンを促進する，リーダーの"マインドの質"レベルを高めることを忘れてはならない．

　実際にISO 9001を使った企業のシステム・カイゼンでは，"〈内部/外部〉お客様の不満足"を含む"ビジネス（品質）の不都合な結果"に着目しなければならない．企業のリーダー自ら，その結果に関してISO 9001を使って，反省しカイゼンを促進することが"品質マネジメント"そのものであると理解するとよい．"品質マネジメント"とは，PDCAサイクルを回すことと理解するより，"ビジネス（品質）の不都合な結果"を反省し，カイゼンするためのCAPDサイクルを回すことと理解することである．

システムのカイゼン

　W.E.デミング博士やJ.M.ジュラン博士の理論以来，"シックス・シグマ"，"バランスト・スコアカード"や"トヨタ・ウエイ"など企業の"経営品質"をカイゼンする必要性を認識させるための書籍は数多く出版されている．しかし，"企業のシステムの何をカイゼンすればよいのか？"という，根本的な原因分析では，困難さを伴いがちである．

　今や世界中に普及している，2000年版（第3版）以降のISO 9001及びISO 9004（パフォーマンス改善の指針）は，欧州経営品質賞（EFQM）の"ビジネス・エクセレンス・モデル"の"ビジネスの結果に学べ"のコンセプトも取り込んで大改正されたといわれている．したがって，企業のシステムのムリ・

ムダ・ムラのカイゼンのための根本的な原因分析は，すべての"ビジネスの結果"にフォーカスすることである．企業の"ビジネス（品質）の不都合な結果"に着目して体系的に大改正され，企業のシステムの継続的カイゼンに言及したISO 9001は，根本的な原因を分析するツールとして非常に有効である．

第4章　プロセスとは？

　日本では製品の品質管理（QC）手法のコンセプトの一つとして，"次工程は，お客様"という考え方が，企業の製造部門の現場を中心に定着したが，その他の部門には必ずしも普及していないのが現状である．それは英語の"プロセス"を"工程"と訳してしまったからだと思われる．そこでこの章では"プロセスとは，何か？"について触れておく．

　ISO 9000の3.4.1項では"プロセス"を，"インプットをアウトプットに変換する，相互に関連する又は相互に作用する一連の活動"と定義している．補足すると，一つ以上の活動を集めたものを"プロセス"と定義するということである．

　図4.1に典型的な"プロセス"の図を示す．この図は亀の形に似ているため"タートル・ダイヤグラム"ともいわれている．図4.1は，相互に関連する又は相互に作用する五つの活動の集まり/仕組みを現した"プロセス"の図である．"プロセス"とは，"仕事/仕組みの大きさの単位"と理解するとよい．

　企業の"部門型管理システム"を，"プロセスアプローチ"を使って再構築した**プロセス型マネジメントシステム**は一連の"プロセス"を集めた"大"の仕組み（後述する図7.2参照）である．**プロセス**は一連の活動を集めた"中"の仕組み（図4.1参照）である．**活動**は一連の作業を集めた"小"の仕組みである．

　この仕事/仕組みの大きさは，企業の規模などによって異なる．仕事/仕組みの大きさには，"システム"，"プロセス"，"活動"及び"作業"の四つの大きさのレベルがあることを理解しておくとよい．

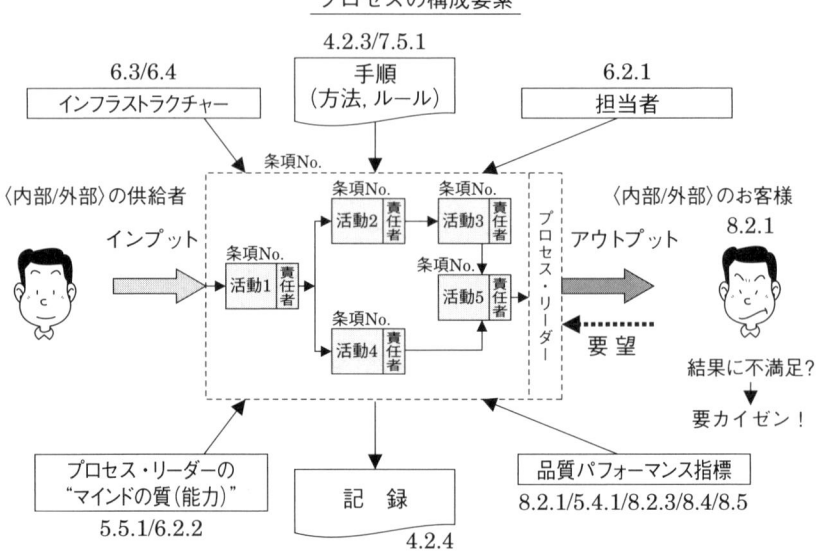

図 4.1　プロセス＝一連の活動の集まり / 仕組み

プロセスと条項

図 4.1 で理解すべきもう一つのポイントは，ISO 9001 の適切な条項と，"プロセス"を構成している一連の活動とを"結びつけ"て描いていることである．こうすることで"プロセス・リーダー"が日常的に，ISO 9001 の適切な条項を使って，"プロセス"の運用を正しく実行する必要性を認識することができるようになる．

"部門型管理システム"においても，ISO 9001 の適切な条項と結びつけるためには，各部門の機能を活動レベルに分解することである．例えば品質保証部門の機能を，製品の検査活動とクレーム対応の窓口活動と分解したとする．ISO 9001 を使って適切な条項を探すと，製品の検査活動は，8.2.4 項"製品の監視及び測定"と結びつく．クレーム対応の窓口活動は，少し詳細に探さなければならないが，7.2.3 項の c)"苦情を含む顧客からのフィードバック，に関して顧客とのコミュニケーションを図るための効果的な方法を明確にし，実

施しなければならない"とあるのに関連しているのではないかと結びつく．この"結びつけ"の努力が基本である．ISO 9001 の適切な条項と各部門の活動と結びつけることを怠ってはならない．

プロセス・リーダーの認識

図 4.1 の三つ目のポイントは，"プロセス・リーダー"が，"次のプロセスは，〈内部/外部〉お客様側"との認識をもつことである．日常から〈内部/外部〉お客様側に不満足を発生させないように，そして，発生させたら，ISO 9001 を使って，反省しカイゼンしていなければならない．言い換えれば"プロセス"の結果（品質パフォーマンス）に対する"責任"について認識することである．

図 4.1 には，"プロセス"を取り巻く六つの主な資源を示した．この資源に関連する ISO 9001 の主条項も示した．"プロセス・リーダー"は，"プロセス"の結果を反省しカイゼンするときに，この主条項を使うことである．図 4.1 の下部にある資源の条項番号がポイントである．

- "プロセス・リーダー"の"マインドの質"レベルの関係（5.5.1 項"責任及び権限"と 6.2.2 項"力量，教育・訓練及び認識"参照）
- 記録（4.2.4 項"記録の管理"参照）
- 品質パフォーマンス指標の関係（8.2.1 項"顧客満足"/5.4.1 項"品質目標"/8.2.3 項"プロセスの監視及び測定"/8.4 項"データの分析"/8.5.2 項"是正処置"/8.5.3 項"予防処置"参照）

以上がシステム・カイゼンではポイントとなる条項である．

"プロセス・リーダー"は，企業のリーダーの一員として位置づけされ，部課長クラスである場合が多い．品質のみならず環境，安全及び財務それぞれの"プロセス"の結果に関して，利害関係者に不満足を与えないようにする"責任"がある．

"プロセス"内の上流の活動責任者は，下流の活動責任者に不満足を与えないように協力し合わなければならない．"プロセス"の結果を達成するために，"プロセス・リーダー"より権限が委譲されているととらえるべきなのである．

"プロセス・リーダー"は，"プロセス"の結果の達成の"有効性"に責任がある．活動責任者たちは"プロセス"の結果の達成の"効率"に責任があることも認識しているとよい．

部門ベースのままで，ISO 9001 を適用するときは，最大の効果は得られないが"プロセス"≒"部門"及び"プロセス・リーダー"≒"部課長"として，ISO 9001 の本質を活用するとよい．

有効性・効率・パフォーマンス

ここで，重要な用語に触れておく．ISO 9000 の 3.2.14 項の"有効性"とは，"計画した活動が実行され，計画した結果（results）が，達成された程度"と定義されている．補足すると，"プロセス・リーダー"が"計画した結果"と，お客様側が"要求した結果"や"望んだ結果"とは同等のことである．この結果は，"目標"と理解しておくとよい．

ISO 9000 の 3.2.15 項の"効率"とは，"達成された結果（result）と使用された資源との関係"と定義されている．補足すると，資源とは人，モノ，お金及び情報と理解しておくとよい．同じ目標を達成するのに資源（活動や人）が少なければ少ないほど効率がよいといえる．

ISO 9000 には"パフォーマンス"の定義はない．2010 年 3 月の ISO/TMB/TAG13-JTCG/TF3 ダブリン会議の報告では，"測定可能な結果〈アウトカム〉"と定義するとしている．補足すると英語の"パフォーマンス"，"リザルト"や"アウトカム"は，日本語では"結果"と同等に理解してよい．

ISO 9000 の 3.4.2 項"製品"とは，"プロセスの結果（result）"と定義している．補足すると，"プロセスの結果"の受け手は"お客様"，"プロセスの結果"の発信者は"供給者"と理解することである．

"品質マネジメントの 8 原則"で重要な**継続的改善**（ISO 9000 の 0.2 節の f））は，"組織の総合的パフォーマンスの継続的改善を組織の永遠の目標とすべきである"と定義している．補足すると，総合的とはビジネスと同様に，品質，環境，安全及び財務の四つの側面を含むと理解するとよい．四つの側面

の，それぞれの結果を継続的にカイゼンすることである．余分なことかもしれないが，ISO 9000 や ISO 9004 の適用範囲は，品質側面だけに留まってはいないと理解するとよい．

　図 4.1 の"プロセスの構成要素"の"品質パフォーマンス指標"とは，"プロセス"の結果を測定する尺度のことである．"プロセス"の"〈内部／外部〉お客様側の不満足（8.2.1 項"顧客満足"参照)"に関する情報をよく聴いて，品質カイゼンの切り口として取り決める測定尺度である．同時に，"プロセス"の結果（品質パフォーマンス）のカイゼンのために，定量化した品質目標（5.4.1 項"品質目標"参照）を当該の"プロセス"間で設定することが重要でる．

　最大の効果は得られないが，部門ベースの場合も，〈内部／外部〉お客様側部門を明確にすることである．"〈内部／外部〉お客様側の不満足"をカイゼンするために，当該の部門間で品質パフォーマンス（結果）指標と品質目標を設定することが，ISO 9001 の本質である．

第5章　ISO 9001を特性要因図として描く

ISO 9001の本質を理解するヒントは，"品質マネジメントの8原則"を設計のベースとして作成されたISO 9001の4.1節"一般要求事項"にある．
　　"組織は，この規格の要求事項に従って，品質マネジメントシステムを確立し，文書化し，実施し，維持しなければならない．また，その品質マネジメントシステムの有効性を継続的に改善しなければならない．（中略）
　　組織は，これらのプロセスを，この規格の要求事項に従って運営管理〈マネジメント〉しなければならない"
とある．

補足すると，最初のフレーズは，"ISO 9001を使って，'プロセス'ベースで企業の品質マネジメントシステムを構築し，絵や図を駆使して文書化し，実施し，維持し，並びに継続的にカイゼンすること"と理解できる．次のフレーズは，"企業のすべての'プロセス'を，ISO 9001を使って，CAPDサイクルを回すこと"と理解できる．

三つの機会

また図5.1に示すように，ISO 9001を使用する機会は三つあると理解するとよい．
　① "プロセス・リーダー"による"日常の'プロセス'の結果のマネジメント"
　② 監査／審査員による"'プロセス'の結果のISO監査（検証）"
　③ "プロセス・リーダー"による"'プロセス'の結果をカイゼンするためのISO原因分析"

これらの三つの機会で視点を変えて，ISO 9001を大いに活用することであ

ISO 9001を使った，プロセス・マネジメントの三つの機会

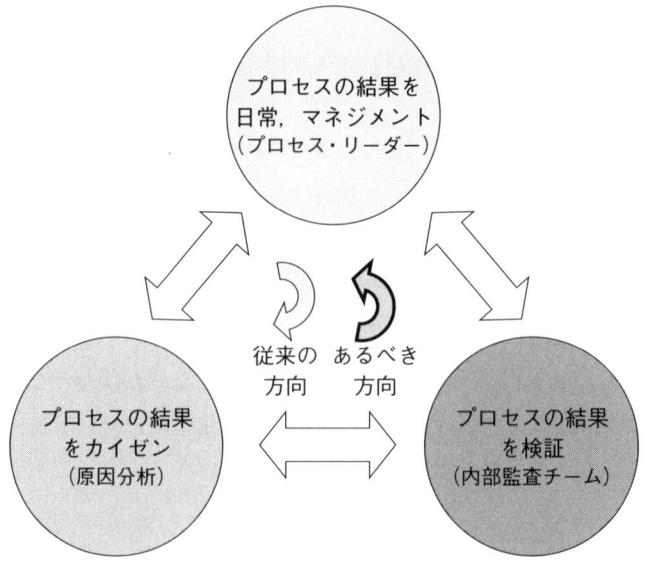

図5.1　プロセスの結果のカイゼンから ISO 9001 を使用

る．ポイントは，企業の"部門型管理システム"のムリ・ムダ・ムラについて，リーダーが自己反省しカイゼンするときに，ISO 9001 が効果的に活用できることを理解しておくことである．

外部の認証の取得から ISO 9001 の導入を図ると，"負の連鎖（ネガティブ・スパイラル）"に陥るといわれる現状を打破するために，本書では逆転の発想をした．すでに企業で顕在化している"〈内部/外部〉お客様の不満足"を含む"ビジネス（品質）の不都合な結果"のカイゼンから，ISO 9001 を活用できないかと発想をした．

詳細は，本書で次の順に，ISO 9001 が"正の連鎖（ポジティブ・スパイラル）"として，大いに活用できることを論じる．

　・ISO 9001 を使った，ムリ・ムダ・ムラのカイゼンの極意（第8章）
　・ISO 9001 を使った，カイゼンの事例研究（第9章）
　・ISO 9001 を使った，ISO 内部監査の実行の極意（第10章）

・ISO 9001 を使った，日常の"プロセス"のマネジメントの極意（第 11 章）

ISO 9001 の本質

世界中の識者たちがもてるあらゆる情報に基づき，20 年以上もかけて体系的にまとめてくれた ISO 9001 のポテンシャルは，非常に高いものがある．ISO 9001 は，〈内部/外部〉お客様が企業に対して信頼感をもつにあたっての，必要かつ最小限の活動が正しく行われることをまとめてくれたものとして学習するとよい．言い換えれば，ISO 9001 のすべての条項に関する活動について，リーダーたちは，説明/遂行の"責任"を果たすことができなければならないと思って学習することである．なぜなら ISO 9001 の適切な条項を使って，"プロセス"の結果を，"プロセス・リーダー"が正しくマネジメントしていることを実証すれば，信頼感がもてるからである．

"〈内部/外部〉お客様の不満足"を含む"ビジネス（品質）の不都合な結果"をカイゼンするために，原因を分析するという視点で，ISO 9001 の本質を探ってみた．図 5.2 に示すように日本の"品質管理手法：QC 七つ道具"の一つである"製品の特性要因図（後述する図 7.4 も参照）"をアレンジして，ISO 9001 の全体を描いてみた．すると，"製品の特性要因図"の 5M（マン，マシン，メジャー，マテリアル，メッソド）に代わり，次のように置き換えることができる．

・ISO 9001 の第 5 章"経営者の責任"：経営トップの責任を果たすプロセス
・ISO 9001 の第 6 章"資源の運用管理"：人的資源を中心とした，資源をマネジメントするプロセス
・ISO 9001 の第 7 章"製品実現"：製品を実現するコアとなるプロセス
・ISO 9001 の第 8 章"測定，分析及び改善"：〈内部/外部〉お客様の不満足を含む"ビジネス（品質）の不都合な結果"を"測定，分析及びカイゼンするプロセス

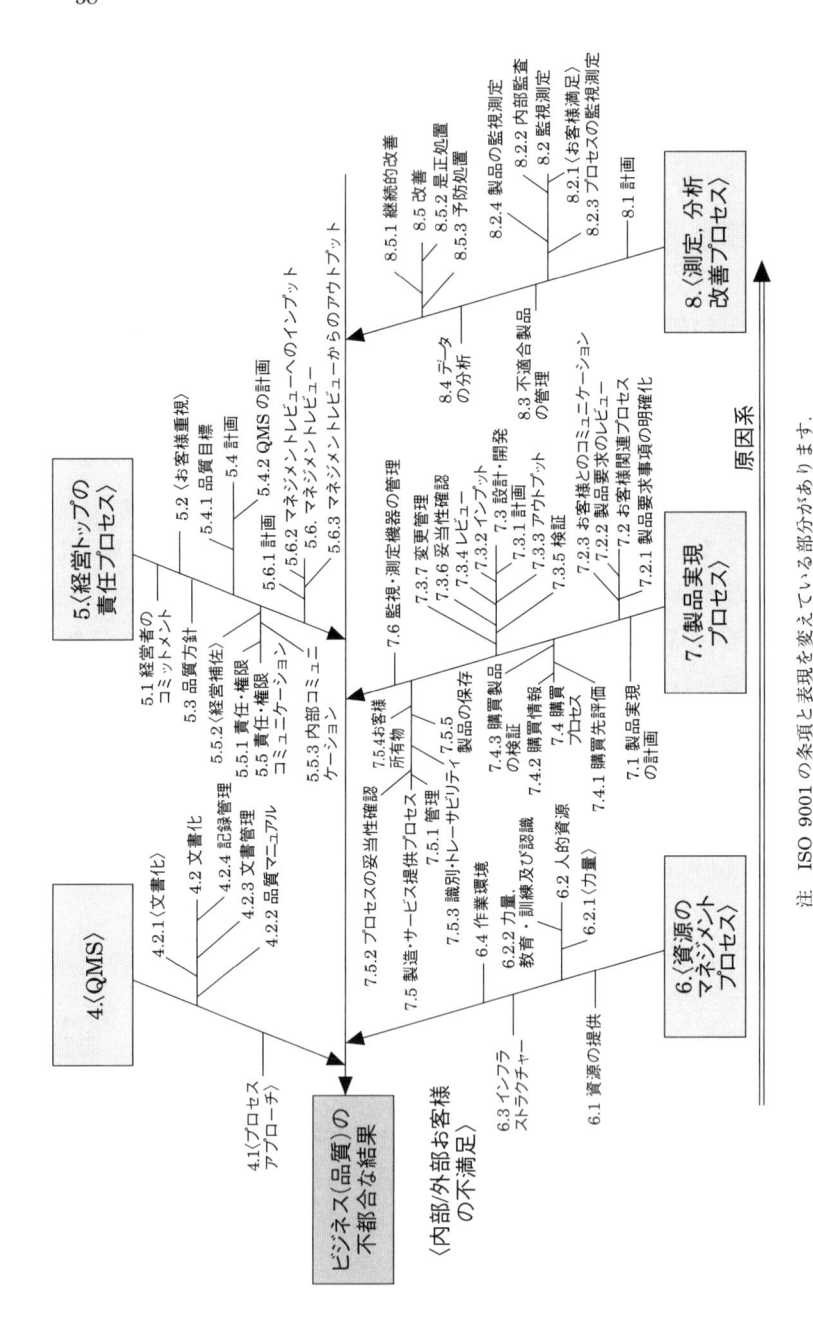

図 5.2　ISO 9001 から診た企業のシステムの特性要因図

注　ISO 9001 の条項と表現を変えている部分があります．

・ISO 9001 の第4章"品質マネジメントシステム"：これらの主要な四つの"プロセス"の集まりで構成される品質マネジメントシステム

原因分析のための視点

図5.2 において"〈内部/外部〉お客様の不満足"を含む"ビジネス（品質）の不都合な結果"から《原因系》へとさかのぼってみるとよい．すると ISO 9001（品質マネジメントシステムモデル）を構成する四つの"プロセス"ごとに，必要な最低限の一連の活動（条項）が，非常にわかりやすく，体系的にまとめられていることがわかる．

したがって，"ビジネス（品質）の不都合な結果"が発生した場合，企業のシステムの《原因系》として，ISO 9001 の四つの"プロセス"内の一連の活動（条項）を，それぞれレビュー（CA）するとよい．ISO 9001 の必要かつ最低限の一連の活動（条項/要因）のうち，"どの活動のマネジメントを，正しく実行していなかったのか？"と適切な条項（要因）を追跡することができる．正しく実行していなかった条項を使って，反省しカイゼンすればよいからである．

製品の要因分析ために限定された特性要因図とは異なり，企業のシステムの《原因系》として，十分ではないかもしれないが必要かつ最低限の要因（条項）がすでに固定されているので，とりあえず別の要因を考える必要はない．ISO 9001 は，企業のシステムにおける必要かつ最低限の根本的な原因を分析するのに，非常に便利である．

ISO 9001 は，企業のシステムに必要なすべての活動を対象にした規格である．"部門型管理システム"のままであっても，時間を要するが各部門の機能を一連の活動に分解しながら，ISO 9001 の適切な条項と"結びつけ"て，原因を分析すれば適用可能である（巻末資料の表2を参照）．

まず，顕在化している"〈内部/外部〉お客様の不満足"を含む"ビジネス（品質）の不都合な結果"に着目して，ISO 9001 を有効活用して大いに原因を分析しカイゼンを促進してみると，ISO 9001 の本質がよく理解できる．このカ

イゼンの実行を通じて各部門の機能を一連の活動に分解し，ISO 9001の条項と結びつける作業を推進すれば"プロセス型マネジメントシステム"の構築へもつながる．

当該プロセスとその他のプロセス

ここで，図4.1の"プロセスの構成要素"に戻り，"プロセス"の結果のカイゼンで注目すべき2点に触れる．
- "一連の活動からなるプロセス内の仕組みに，問題はないか？"
- "プロセスの結果（品質パフォーマンス）が，〈内部 / 外部〉お客様側に不満足を与えていないか？"

上記に関して"プロセス・リーダー"自ら，ISO 9001を使って，反省しカイゼンを促進する自己責任としての"マインドの質"レベルの向上が，企業のシステム・カイゼンにおいてポイントとなる．

それと同時に，企業のシステムを構成している"経営プロセスを含む，その他のプロセス及びその他のリーダー"も，一緒になって，ISO 9001を使ってそれぞれ反省しカイゼンする"マインドの質"レベルの向上が，企業のシステム・カイゼンではポイントとなる．

これらをまとめると，

【"当該プロセス" + "当該プロセス・リーダー"】
　+【"経営プロセスを含む，その他のプロセスとリーダー"】
＝【"〈内部 / 外部〉お客様の不満足"を含む"ビジネス（品質）の不都合な結果"】

という式が成り立つ．この式の"〈内部 / 外部〉お客様の不満足"を含む"ビジネス（品質）の不都合な結果"の例としては，すでに顕在化している"クレームやトラブルの発生"，"〈内部 / 外部〉お客様の不満足の発生"，"ISO診断による不適合の発生"，並びに潜在的な"不都合な結果"などがある．

これらの結果にフォーカスして，ISO 9001を使って，企業のシステムを構成しているすべての"プロセス"と"プロセス・リーダー"が，一緒になって

第 5 章 ISO 9001 を特性要因図として描く　　41

　企業のシステムの原因分析をするイメージを図 5.3 にまとめた.

　図 5.3 を少し解説する．企業がシステムを運用して，"〈内部/外部〉お客様の不満足"を含む"ビジネス（品質）の不都合な結果"を直接生み出している"当該プロセス"と"当該プロセス・リーダー"は，当然，ISO 9001 を使った原因の分析が必要である．同時に企業のシステムを構成している"経営プロセスを含む，その他のプロセスとリーダー"も一緒になって，反省しカイゼンする必要がある．全員参加で，"ISO 9001 を使って，各プロセスを各プロセス・リーダーが正しくマネジメントしていたか?"の原因の分析をするイメージの図である．

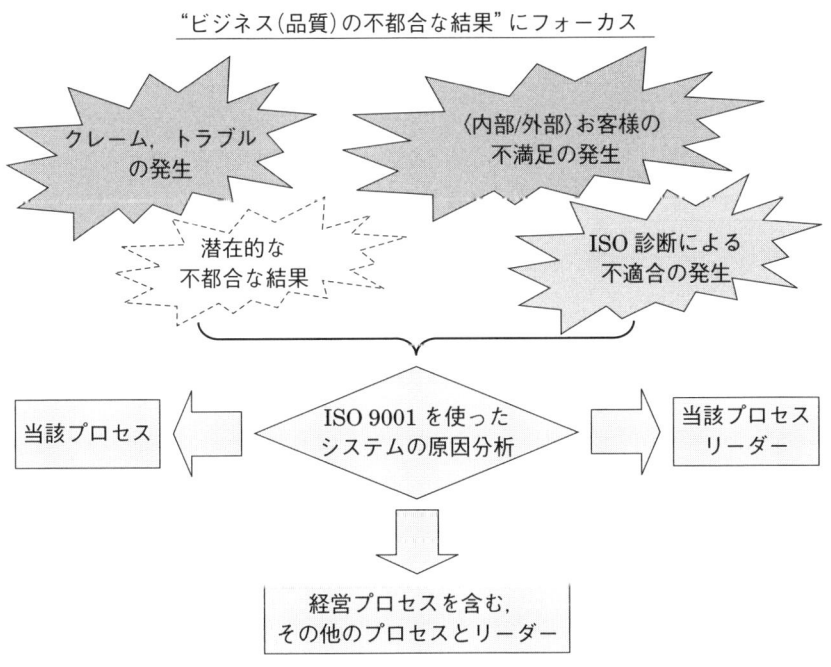

図 5.3　ISO 9001 を使った根本的原因分析のイメージ

第6章　ISO 9001の主要な条項の並べ替え

　ISO 9001の条項(活動)は最小限の要求事項といえども,図5.2の"ISO 9001の特性要因図"にも示したように,企業のシステムに必要かつ最低限の活動が対象であるため盛りだくさんである．ISO 9001の条項（活動）をすべて順番にレビューするのも大変である．また,
　　・"ISO 原因分析"
　　・"ISO 監査（検証)"
　　・"日常の'プロセス'のマネジメント"
の三つの機会での使いやすさも考慮して，本章ではISO 9001の主要な条項の並べ替えを検討する．

関連するプロセスと条項の整理

　図6.1の縦軸に，企業のシステムを構成している主要な"プロセス",横軸に"ISO 9001の主要な条項（節まで)"を並べて,"何が，各プロセスをマネジメントする上で，キーとなる条項か?"を整理してみる．図6.1の横軸のISO 9001の主要な条項は,
　　・"各'プロセス'をマネジメントするための条項"
　　・"各'プロセス・リーダー'が備えているべき,責任力に関する条項"
　　・"各'プロセス'の結果の測定，分析及びカイゼンに関する条項"
に分けて整理してみると,○印と◎印の二つのメイングループに分けることができる．□印は"経営プロセスに関する主要な条項"を参考までに示した．

　次に,図5.3の"ISO 9001を使った根本的原因分析のイメージ"において,"当該プロセス"と"当該プロセス・リーダー"はそのままに適用し,"経営プロセスを含む，その他のプロセスとリーダー"を分解して再整理する．

ISO 9001:2008 規格要求事項 \ コアプロセス	4.1 一般要求事項	4.2 文書化に関する要求事項	5.1 経営者のコミットメント	5.2 顧客重視	5.3 品質方針	5.4 (QMS)計画(品質目標)	5.5 責任・権限、コミュニケーション	5.6 マネジメントレビュー	6.1 資源の提供	6.2 人的資源	6.3 インフラストラクチャー	6.4 作業環境	7.1 製品実現の計画	7.2 顧客関連のプロセス	7.3 設計・開発	7.4 購買	7.5 製造・サービス提供	7.6 監視・測定機器の管理	8.1 (測定、分析、改善)一般	8.2 監視及び測定	8.3 不適合製品の管理	8.4 データの分析	8.5 改善
経営トップ・経営補佐			□	□	□	□	□	□	□												□	□	□
受注契約プロセス				◎		○			○					◎						◎		◎	◎
製品実現計画プロセス				◎		◎			○				◎							◎		◎	◎
購買プロセス				◎					○							○				◎		◎	◎
設計・開発プロセス				◎					○						○					◎		◎	◎
製造プロセス				◎					○								○			◎		◎	◎
在庫・保存プロセス				◎					○								○			◎		◎	◎
出荷・輸送プロセス				◎					○								○			◎		◎	◎

注　ISO 9001の条項と表現を変えている部分があります．

図 6.1　コアプロセス・マネジメントの ISO 9001 主要条項のグルーピング

"その他のプロセスとリーダー"は，"当該プロセス"を含めて"各プロセス"とし，"当該プロセス・リーダー"を含めて"各プロセス・リーダー"に集約する．

"経営プロセス"は"経営トップのコミットメント"と置き換える．

この再整理に従って，それぞれに該当する，ISO 9001の二桁以上の主要な関連条項を並べ替えることにした．

"ビジネス（品質）の不都合な結果"の"測定，分析及びカイゼン・プロセスには，"〈内部/外部〉お客様の不満足（8.2.1項"顧客満足"参照）"に基づく，

第6章 ISO 9001の主要な条項の並べ替え　　45

カイゼンのための品質目標の設定（5.4.1項"品質目標"参照）を含んでいる．この前提に基づき，図5.3をアレンジするとともに，図6.1のISO 9001の主要条項のグループ分けを適用して，ISO 9001の主要条項を並べ替えたものが，図6.2である．

外側の運用，内側の分析

図6.2は，外側が"経営トップのコミットメント"のサポートのもと，"各プロセス・リーダー"が日常，ISO 9001を使って"各プロセス"を運用（オペレーション）しているイメージを図にしたものである．その結果として，"〈内部/外部〉お客様の不満足"を含む"ビジネス（品質）の不都合な結果"が発生するイメージ図である．

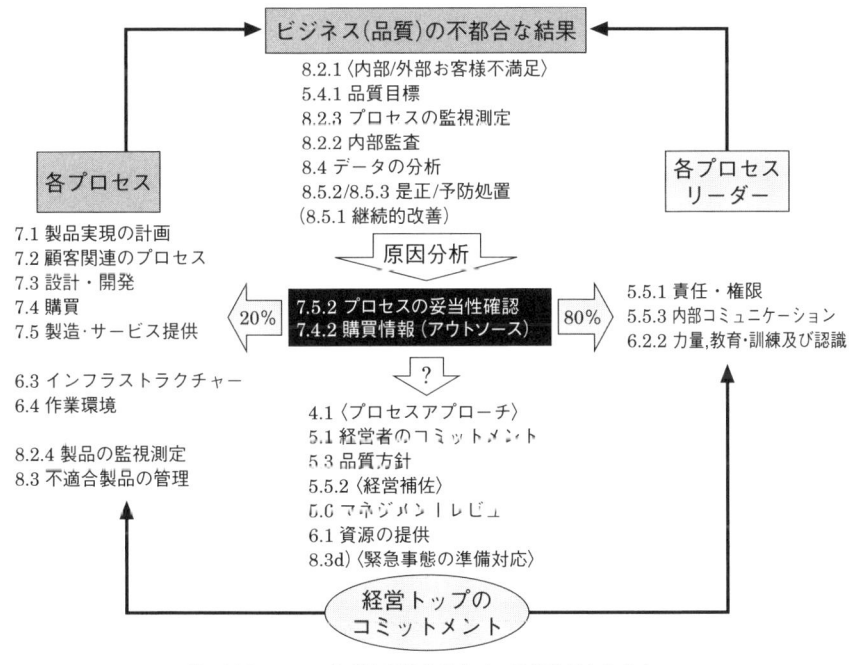

ビジネス(品質)の不都合な結果
- 8.2.1〈内部/外部お客様不満足〉
- 5.4.1 品質目標
- 8.2.3 プロセスの監視測定
- 8.2.2 内部監査
- 8.4 データの分析
- 8.5.2/8.5.3 是正/予防処置
- （8.5.1 継続的改善）

各プロセス
- 7.1 製品実現の計画
- 7.2 顧客関連のプロセス
- 7.3 設計・開発
- 7.4 購買
- 7.5 製造・サービス提供
- 6.3 インフラストラクチャー
- 6.4 作業環境
- 8.2.4 製品の監視測定
- 8.3 不適合製品の管理

原因分析
- 7.5.2 プロセスの妥当性確認
- 7.4.2 購買情報（アウトソース）
- 20% / 80%

各プロセスリーダー
- 5.5.1 責任・権限
- 5.5.3 内部コミュニケーション
- 6.2.2 力量,教育・訓練及び認識

- 4.1 〈プロセスアプローチ〉
- 5.1 経営者のコミットメント
- 5.3 品質方針
- 5.5.2 〈経営補佐〉
- 5.6 マネジメントレビュー
- 6.1 資源の提供
- 8.3d)〈緊急事態の準備対応〉

経営トップのコミットメント

注　ISO 9001の条項と表現を変えている部分があります．

図6.2 ISO 9001の並べ替え

内側が"〈内部/外部〉お客様の不満足"を含む"ビジネス（品質）の不都合な結果"が発生した，又は発生する可能性があるとき，ISO 9001を使って原因を分析することをイメージしたものである．"各プロセス"と"各プロセス・リーダー"のみならず，"経営トップのコミットメント"まで原因を分析するイメージ図でもある．

図6.2は筆者が長年ISOに携わり培った経験と考えてきたことに基づき完成させたもので，"ISO原因分析"，"ISO監査"及び"日常の'プロセス'のマネジメント"の三つの機会で，ISO 9001の本質を理解し活用しやすいようにまとめたものである．

図6.2の構成要素に基づく，ISO 9001の主要条項を並べ替えのポイントについて解説する．

【"各プロセス"＋"各プロセス・リーダー"】
＋【"経営トップのコミットメント"】
＝【〈内部/外部〉お客様の不満足"を含む"ビジネス（品質）の不都合な結果"】
の式が成り立つ．この式に基づきISO 9001の主要な条項を編成し直した．

- "'各プロセス'のマネジメントに関する条項"は，ISO 9001の製品実現のための第7章が中心である．
- "'各プロセス・リーダー'の責任力に関する条項"は，5.5.1項"責任及び権限"及び6.2.2項"力量，教育・訓練及び認識"などが中心である．
- "〈内部/外部〉お客様の不満足を含む'ビジネス（品質）の不都合な結果'の測定，分析及びカイゼン・プロセスに関する条項"は，ISO 9001の本質のメイン，すなわち8.5.1項"継続的改善"である．

補足すると，この"継続的カイゼン・プロセス"は，次の一連の活動で構成される．

① 〈内部/外部〉お客様不満足の把握活動（8.2.1項："顧客満足"参照）
② 品質カイゼン目標の設定活動（5.4.1項："品質目標"参照）
③ プロセスの結果の測定活動（8.2.3項："プロセスの監視及び測定"参照）

④　データの分析活動（8.4 節："データの分析"参照）
⑤　是正 / 予防のカイゼン活動（8.5.2 項："是正処置"/8.5.3 項："予防処置"参照）

などが中心である．

また，ISO 9001 の 7.5.2 項 "製造及びサービス提供に関するプロセスの妥当性確認" は，補足すると企業内部での "各プロセス" の妥当性確認の条項である．また，7.4.2 項 "購買情報" は，補足すると企業外部（供給者）の "プロセス" の妥当性確認" の条項である．これらは ISO 9001 のエッセンスなので筆者は図 6.2 の中心においた．

監査と原因分析

図 6.2 のようにまとめると，"ISO 監査（検証）" と "カイゼンのための ISO 原因分析" は，表裏一体であることもわかる．すなわち，図 6.2 の外側の運用と内側の原因分析のそれぞれで，次のことを確認するということである．

- "各プロセス・リーダーが日常，ISO 9001 の適切な条項を使って，各プロセスの結果のマネジメントを実行しているか / 実行していたか？"
- "各プロセス・リーダーは，'〈内部 / 外部〉お客様の不満足' を含むビジネス（品質）の不都合な結果に対して，責任を果たしているか / 果たしていたか？"
- "'〈内部 / 外部〉お客様の不満足' を含むビジネス（品質）の不都合な結果は，測定，分析及びカイゼンしているか / していたか？"
- "経営トップのコミットメント" は，ISO 9001 の 5 章 "経営者の責任" が中心で，"経営トップが，責任を果たされているか / 果たされていたか？"

不都合な結果の原因

ここで，"〈内部 / 外部〉お客様の不満足" を含む "ビジネス（品質）の不都合な結果" が発生した場合，又は発生する可能性がある場合の原因分析におい

て，"各プロセス"と"各プロセス・リーダー"のどちらに原因の割合が大きいかを，整理しておきたい．

　ヒントは，V. パレート博士，J.M. ジュラン博士，W.E. デミング博士及び P.B. クロスビー博士などの思想の整理にある．V. パレート博士の研究に接し，J.M. ジュラン博士が品質管理の世界にもちこんだのが"パレートの法則"である．"パレートの法則"とは，"相対的に小さな割合を占める要因（20％）が，その結果に対しては相対的に大きな影響力（80％）をもっている"という，あらゆる事象の結果に対する原因の割合を表す経験則である（2：8の法則などと呼ばれている）．

　J.M. ジュラン博士の思想のポイントは，ビジネス問題の 80～85％はシステム／プロセスにあり，わずか 20～15％が人々に関係している．W.E. デミング博士の思想のポイントは，人々を含むシステム／プロセスの結果のばらつき原因の 85％以上は，人々の中でもリーダーに責任がある．そのように筆者は，それぞれの思想のポイントを理解している．

　そこで図 6.2 を完成させるにあたって，P.B. クロスビー博士，欧州経営品質賞（EFQM）や ISO 9004 などの企業のシステム／プロセスの成熟度レベルという視点も入れて，ポイントを整理してみる．企業のシステム／プロセスの成熟度レベルが高くない（ムリ・ムダ・ムラが多い）場合を取り上げる．この場合は，企業のシステム／プロセスを運用している責任ある人々の中でも，経営トップを含むリーダーの，ビジネスの問題解決に対する関与の度合が高くないことが理解できる．

　W.E. デミング博士の思想のポイントでもあるが，ビジネス問題の原因分析のポイントは，経営トップを含むリーダーの責任にもっとフォーカスして，ISO 9001 を理解し活用する必要性に気づいていることである．すなわち企業の成熟度レベルは，"プロセス・リーダー"としての"マインドの質"レベルや関与度などに比例するといっても過言ではない．成熟度レベルが高くない企業では，"プロセス"を運用する"プロセス・リーダー"としての"マインドの質"レベルや関与の度合などによる原因が 80％であり，"プロセス"の原因

第6章　ISO 9001の主要な条項の並べ替え　　49

はわずか20％である，と理解すべきであるとの結論に至った．この原因の割合を，ISO 9001を始めとするマネジメントシステム規格の理解と活用に使用すると非常に効果的である．

　"プロセス・リーダー"としての"マインドの質"レベルや関与度などが向上し，企業の成熟度レベルが高くなる（ムリ・ムダ・ムラが少ない）と，J.M.ジュラン博士の思想のポイントどおりに，"プロセス"の原因が80％で，"プロセス・リーダー"の原因が20％に変わるのである．

　図6.2には，成熟度レベルがまだ高くない企業の原因の割合を示した．"プロセス・リーダー"としての"マインドの質"レベルや関与度などを向上させるためには，ISO 9001の本質を理解しやすいように並べ替えた図6.2を大いに使うことである．この図6.2をよく見て，"プロセス・リーダー"自身が反省しカイゼンする必要性に気づくことである．

経営再建に見るマインド

　日本は過去，"安かろう，悪かろう"という製品を作っていた．しかし，W.E.デミング博士の指導のもと，QC手法及びQCサークル活動などを実行しボトムアップを図り，製品の品質をワールドクラスに高めてきた歴史がある．日本で定着し成功した土台には，経営層が参画し，三現（現場・現物・現実）主義で，一緒になってお互いに協力し合う"和のマインド"が存在したからではないだろうか．

　"プロセス"の開発の前に，"利害関係者の不満足"を含む"ビジネスの不都合な結果"に対して，社会的な責任がある経営トップを含むリーダーの"マインドの質"レベルや関与度などの向上を図る必要がある．

　多くの課題を抱えたJ航空の再建は果たして成功するだろうか．J航空の例は，"部門型管理システム"運用のムリ・ムダ・ムラから発生してしまった，"〈内部/外部〉お客様の不満足"を含む"ビジネス（品質）の不都合な結果"の事例そのものである．再建の成功のためには，ISO 9001の本質の活用をするのがよい．

直近では，T 自動車の事例がある．エンドユーザーの不満足という"悪い情報"を，経営層がすばやく吸い上げる仕組みに問題が発生したのである．事業規模が大きくなればなるほど，"悪い情報"が経営層まで伝わりにくくなるのは明らかである．ISO 9001 は，マネジメントレビューの実施を求めている（5.6節"マネジメントレビュー"参照）．特に，お客様からのフィードバック情報を，経営層がレビューすることを求めている．5.6.2項のb）には，"マネジメントレビューへのインプットには，顧客からのフィードバック，の情報を含めなければならない"とある．

　一方日本には，ISO 9001 の本質を活用したような典型的な成功事例が存在する．倒産しかかった N 自動車のことである．再建のために外国人の社長が"リーダーシップ"を発揮して，肩書きにとらわれず全従業員の中から，長時間をかけて直接に面接を実施した．やる気のある"マインドの質"レベルの高い 10 人のリーダーを，自らの眼力で選んだ．この 10 人のリーダーに，N 自動車の"部門型管理システム"の部門の壁を越えて横断的に 10 人のメンバーを選ばせ，10 のプロジェクトチームを編成した．社長の陣頭指揮のもと，10 チーム一丸となって 3 か年のアクションプランを立案し，改革を実行し，成功したのである．社長は"お客様重視"の"マインドの質"レベルが高く，来日当初から地方を含めお客様のニーズ・期待を自ら収集していた．また，3 年間で再建が達成できなかったら，退陣するとコミットメント（命がけで自ら最善を尽くすと宣言）し，2 か年で目的を達成したのである．

　"企業は人なり"とよくいわれるが，成功している日本の企業では，企業の社会的な責任に対して，"マインドの質"レベルが高いリーダーが少なからず存在するからである．このリーダーは，ビジネスの問題解決にあたって，一緒になって愚直に実行しようとする"マインドの質"レベルの高さを備えている．

ISO 9001 によるマインドの向上

　これからのリーダーは，図 6.2 の ISO 9001 の本質を学ぶことが近道である．"〈内部/外部〉お客様の不満足"を含む"ビジネス（品質）の不都合な結果"

第6章 ISO 9001の主要な条項の並べ替え

を取り上げ，ISO 9001を使って，自己反省しカイゼンできる"マインドの質"レベルに早く達することである．このレベルに達すれば，企業のビジネス（品質）を持続可能な成功へと導くことができることに早く気づくはずである．

　経営のベースとして，経営層はISO 9001の5章"経営者の責任"を真摯に学ぶのがよい．実行では，ISO 9001を日常的に活用することを決断することである．リーダーが，お互いに協力し合って一緒になって，"和のマインド"を発揮する"マインドの質"レベルを取り戻せば，企業の"経営品質"が"ジャパン・アズ・ナンバーワン"になるのも夢ではない．

　忘れてならないポイントは，"よいモノをつくれば売れるはずだ"の技術イニシアティブと株主偏重に固執せず，"利害関係者重視"のバランス経営にパラダイムシフトすることである．

　特に近年は環境経営の時代ともいわれているので，図6.2を参考にして，"(地域)社会重視"のISO 14001の主要条項を並べ替えた図6.3を参考として示す．

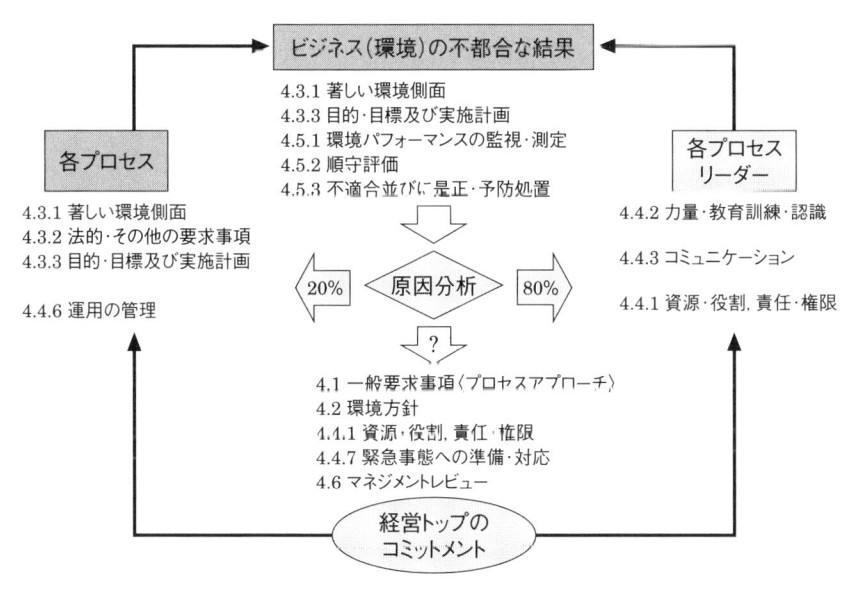

注　ISO 14001の条項と表現を変えている部分があります．

図6.3　ISO 14001の並べ替え

"従業員重視"の OHSAS 18001 の主要条項は ISO 14001 と条項番号が整合しているので同じ図を活用できる（巻末資料の表1を参照）．リーダーは，三つのマネジメントシステム規格の本質を同時に学ぶことが必要である．実行にあたっては"日本らしさ"を加味して，自企業のビジネスを持続可能な成功へと導きたいものである．

ISO 9004 による成熟度レベルの評価

システムの成熟度レベルの高くない（ムリ・ムダ・ムラが多い）企業の多くでは，自社の成熟度レベルに無自覚なリーダーが多い場合がある．自企業の成熟度レベルを高め，ビジネスを持続可能な成功へ導けるリーダーへと目覚めさせるには，早急に，自企業の成熟度レベルを机上でもよいので自己評価（診断）することである．自覚させるためにも，目で見えるようにするとよい．この目で見える自己評価を通じて，企業のシステムのカイゼンに着手するための動機づけをすることである．

この動機づけのためには，ISO 9000 ファミリーの一つである大改正されたばかりの ISO 9004：2009 を学習し，自企業の成熟度レベルに関して，5 段階で自己評価してみることである．ISO 9004 は，自企業のシステムの成熟度レベルを自己レビュー（CA）する重要なツールとして開発されている．特徴は，ISO 9001 の"〈内部/外部〉お客様や〈内部/外部〉供給者の不満足"にとどまらず，すべての関連する"利害関係者の不満足"を扱い，企業のビジネス・パフォーマンス（結果）の体系的かつ継続的なカイゼンのためのガイドライン（指針）として提供されている．

ISO 9004 は企業の成熟度レベルを 5 段階に分けて，目で見える形で自己評価できるようになっている．成熟度のレベル 1 が企業のシステムとしての基本レベルであり，レベル 5 がベストプラクティス（最良の実務）レベルとしている．自己評価を実行するのは，企業の説明責任のある経営層（経営トップを含む執行役員）側と，遂行責任のある"プロセス・リーダー（≒部課長）"側の二つになっている．自己評価項目では，品質マネジメントの 8 原則をベー

スにした ISO 9001 と整合させながら，成熟度レベルに応じた段階の状態が詳細に示されており，実際には，ISO 9004 の附属書 A として掲載されている．

この附属書 A はまず，表 A.1 に企業の全体像としての"九つのキーとなる要素に対する成熟度レベル（9 項目）"の自己評価から始まっている．これだけでもよいので実施してみることである．次に，表 A.2 から表 A.7 に ISO 9001 の各章と対応させながら，六つの詳細な成熟度レベルの自己評価軸で構成されている．

"箇条 4　組織の持続的成功のための運営管理（4 項目）"
"箇条 5　戦略及び方針（4 項目）"
"箇条 6　資源の運用管理（8 項目）"
"箇条 7　プロセスの運営管理（3 項目）"
"箇条 8　監視，測定，分析及びレビュー（5 項目）"
"箇条 9　改善，革新及び学習（4 項目）"

これらはそれぞれ 5 段階で自己評価できるようになっている．費用をかけず，企業のリーダーであるすべての経営層と部課長クラスが参画して実施することである．無記名で，それぞれ机上で，各人が認識しているレベルにマーキングし，集計する．その結果を層別して，ISO 9004 に例示している 6 軸の"レーダーチャート"を描いてみることである．まさか，自企業の成熟度レベルが全員とも，すべてレベル 5 であるはずはない．この認識のギャップの自己評価（診断）を年単位で継続するのがよい．

もし，もっとシンプルに成熟度レベルを自己評価したい場合は，ISO 9001 の第 3 版（2000 年版）が発行される前の欧州経営品質賞（EFQM）の"ビジネス・エクセレンス・モデルによる成熟度クイック評価表"や P.B. クロスビー博士の"品質マネジメント成熟度レベル表"を活用するのもよい．

自企業のシステムの成熟度レベルをリーダーが認識し，動機づけした後の成熟度レベルを高めるカイゼンの実行では，いずれにしても原因分析が必要不可欠である．この原因分析では，"利害関係者重視"で企業のシステムの要素が体系的に作成された，ISO 9001 を中心とした ISO 14001 や OHSAS 18001

の三つのマネジメントシステム規格を同時に活用する必要があることはいうまでもない.

第7章　リーダーとして備えるべき"マインドの質"についての10のポイント

　ISO 9001が求めている"文書化（ドキュメンテーション）"は，その必要性をリーダーが"自分で考える（セルフコントロールする）"こと［4.2.1項のd）及び注記2参照］であり，また，それは，企業のスタイルや管理のレベルに見合ったコミュニケーションの手段としての，絵や図を大いに使った"文書化"である．

　しかし，米国流のマニュアル至上主義にどっぷりつかった大半の企業では，リーダーの"マインドの質"レベルが低いように思える．E. フロム博士が言うように，"自分で考えない状態（マインドコントロール）"の病にかかっているのではないだろうか．

　"マインドコントロール"にかかっている証（あかし）がある．大半の企業のリーダーがISO 9001の導入において，今までなかった"手順書や規定書（インプット文書）"を日本語の文章を中心にして作成している．外部認証の取得のために今までなかったインプット文書を大幅に増やして，適合性（システムのありなし）のみの認証を取得している企業が実に多い．これはISO 9001の本質をリーダーが"自分で考えない"で，ISO 9001の文面どおりに従うことに，没頭してしまっているからではないだろうか．

　ISO 9000の"品質マネジメントの8原則"の一つであり，ISO 9001の重要な本質である8.5.1項"継続的改善"について，もっとリーダーが，"自分で考えて"学習すれば，これだけでも大いに役立つ．

マニュアルの偏重

　"自分で考えること"の必要性のヒントとして，次のような話がある．
　宇宙飛行士の毛利衛氏が，米国とロシア両国の宇宙開発の訓練の相違について新聞に書いている．"米国は，仕事ごとに手順を細かく書き上げ，誰がやっ

てもそのとおりできるようにしますが，ロシアは，徹底的に基本動作の訓練を繰り返す．想定外のことが起きたら，ロシアの方が応用が利くわけです"と．

M造船では，建設中の豪華客船の火災発生後，"熟練工がマニュアル頼りで知恵を絞らなくなり，工程間の縦割りがひどくなった影響が大きい"と自己分析しており，マニュアル化は"世代間で技術を円滑にする狙いだったが，作業が効率化した反面，現場の判断力が低下した"と自己反省していた．それに対して失敗学の畑村洋太郎教授は，"大事かどうか判断するな，決まったとおりやりなさいというのがマニュアル化だが，うまくいく方法しか取り上げない．どんな失敗が起こり得るか自ら考え，その道筋を断つという逆の発想をしないと，弱くなった製造現場は生き返らない"とコメントしている新聞記事があった．

マニュアル至上主義のリーダーの"マインドの質"レベルをチェンジする必要がある．ISO 9001の導入の本質とは，むしろ企業体質のカイゼンの機会ととらえることである．

また，ある企業が倒産して部長クラスの人が再就職のために，面接を受けたときの話がある．"あなたは何ができますか？"と問われ，一人は"部長ができます"と，もう一人は"人材の育成ができます"と答えたという新聞記事もあった．経営層がどちらを採用するかは明白である．確かに"企業は，人なり"である．人材育成ができるように，リーダーの"マインドの質"レベルをチェンジする必要がある．

サービス業のマインド

話が少しそれるが，日本の企業のハード製品品質は言うに及ばず，"おもてなし（サービス精神）"や"おもいやり（気配り）"という人々の"マインドの質"レベルが優れていることは，世界に誇ってもいいのではないだろうか．最近その証（あかし）として，少々コストが高くても日本の食の安全・安心の"おもいやり"，観光などでの日本人の"おもてなし"や"高品質"の日本の製品を求めて，わざわざ海外の新興国の富裕層が訪れている．彼らの目的は，コストよりも信頼性やステータスの確保などが目的である．日本はもっと自信をもつべきである．

第7章 "マインドの質"についての10のポイント

しかし近年，いろいろな企業の不祥事が多発し，こうした"おもてなし"や"おもいやり"に表されるようなリーダーの"マインドの質"レベルが失われつつある．

企業で働く及び企業のために働く人々に，"おもてなし"や"おもいやり"の心を復活させる必要がある．まずは ISO 9001 使って，リーダーの"マインドの質"レベルを高めることから始めたい．そのためには，QC の 5S の重要な一つである，人々の"躾（しつけ）"をリーダーが正すことが重要である．製品の品質がいくら優れていても，リーダーを始め人々の"おもてなし"や"おもいやり"の"マインドの質"のレベルが十分でないと，お客様の満足も十分ではないはずである．

リーダーのマインド

ビジネスが成功している日本の企業では，リーダーが三現（現場・現実・現物）主義で率先垂範し，一緒になって問題解決をする"和のマインド"で，一丸となって取り組むという強みで成功してきた伝統がある．しかし大半の企業では，リーダーの"マインドの質"レベルが弱くなっている状況である．

- "リーダーシップ（率先垂範力）"
- "リレーションシップ（協力力）"
- "パートナーシップ（共働力）"
- "オーナーシップ（当事者意識力）"

などに関するリーダーの"マインドの質"レベルが弱くなっている，又は本末転倒になっている場合が多い．（　）内は，筆者が強調したい力のことである．

本章では，反省してカイゼンすべき，リーダーの"マインドの質"についてのベースとなる"10のポイント"について紹介する．

ポイント①
"部下の失敗は，上司の責任"と考える

　上司（リーダー）は，仕事（プロセス）の結果に責任を有していることを再認識する必要である．失敗した部下（人々）だけに，つい責任をとらせようとする責任他人論はダメである．部下は，仕事の結果を出すパートナー（協力者）であって，その結果の責任はオーナーである上司が担うべきである．"部下の失敗は，上司の責任"という"マインドの質"の成熟を，上司（リーダー）は取り戻す必要がある．

上司のマインド
　大半の企業では大量生産時代に設備投資に走り，米国流のやり方を学んだ名残りがある．誰がやっても同じ結果が出るようにと，部下（人々）の能力をしまい込み"仕事の標準化"という名目で，上司（リーダー）が手順書やマニュアルを作成してきた．作成された手順書やマニュアルを使った，"製品の管理"の領域から脱却できていない．

　上司は，"自分の作成した手順書，又はマニュアルどおりに，仕事を正しく行っているか？"の"管理"を毎日，同じように繰り返している．部下が，もし手順書やマニュアルどおりに仕事をしていなかったり，何かトラブルを起こすと，人前やその場で怒鳴ったりする上司が多いものである．部下はどう思っているだろうか，部下の意見を傾聴してみる必要がある．なぜなら，ISO 9001では，上司から指示を受ける部下は，〈内部〉お客様として扱っている．ISO 9001に学び，上司として部下の立場で反省し，カイゼンできる"マインドの質"レベルへのチェンジが必要である．

　あまりよくないやり方に，人的なミスの防止対策と称して，チェックの強化や部下（人々）の能力を無視した設備投資などに走っている場合が多い．設備投資はお金がかかり，回収が大変である．"果たして部下は失敗しようとして，失敗をしたのだろうか？"．製品の品質管理（QC活動）において正しかった手

法ではなく，時代は企業のシステム運用のムリ・ムダ・ムラをカイゼンする手法を求めているのである．上司は，ISO 9001のコンセプトを正しく学習する必要がある．

リーダーの指導

システム・カイゼンが成功している企業では経営層が，部下の失敗を"いい経験をしたね！"とほめて吸い上げている．その上司には，"なぜ，部下は失敗をしたのか？"と反省文を書かせて，反省文の添削指導まで実施している．経営層は自企業のビジネスの持続可能な成功のために，その上司の"マインドの質"レベルを向上させるための指導をしているのである．

現在は幸いなことに，ISO 9001がある．経営層が，上司に自己反省させるときに，ISO 9001の5.5.1項"責任及び権限"と6.2.2項"力量，教育・訓練及び認識"を使うと非常に効果的である（図6.2参照）．上司は原点に戻り，企業で働く人々（部下）や企業のために働く人々（パートナー）は，企業から預かった自分の子供であり，子供の育成に責務があることを考えてみてほしい．

"部下（人々）の失敗は，上司（リーダー）の責任"との"マインドの質"レベルを正すことである．リーダーとして心がけることは，人々のやる気がなくなる手順書による"管理"の実行ではない．人々のやる気が出るように，リーダー自ら反省しカイゼンを一緒になって実行することが必要である．このことを，ISO 9001から学ぶことである．わかりやすくいえば，上司（リーダー）は，利害関係者である人々の不満足にもっと耳を傾けることである．

肩書きと責任

大半の企業ではトラブルが発生した場合，上司（リーダー）という肩書きがあると，そのトラブルの解決を自分だけで行おうとする．すなわち"責任"を全部，逆に抱え込む習性がある．ある企業の品質保証課長が，重要なお客様からの返品のクレームの繰返しで，返品の理由がわからず一人で抱え込み非常に困っていた．その結果，対応や対策が遅れていた例がある．果たして，あなた

の会社は，このシステムに関する問題を解決できる環境にあるだろうか？

　システムに関する問題解決に成功している企業では，肩書きにとらわれず，困ったとリーダーが手を上げ周りに協力を求めている．その結果，経営層を含む全員で，問題解決をする環境が整っている．T自動車の非常によい例がある．ラインの課長が困ったと勇気を持って白旗をあげると，工場長経由で本社の専務に連絡が入り，その日のうちに専務以下が工場へ来て問題解決に当たっている．専務が動けば常務や部長も動かざるを得ない原則を上手に活かしている．工場長も"悪い話ならいつでも相談にのってやる"という姿勢だそうである．

　また，3兆円以上も売上げがあるS自動車のよい例がある．社長自ら，"俺は中小企業のオヤジだ"として頑張っている．社長自らムリ・ムダ・ムラのカイゼンのために，現場で一緒になって陣頭指揮をしている．これが企業の"部門型管理システム"運用のムリ・ムダ・ムラの継続的なカイゼンでもポイントとなる．

　上司（リーダー）は，肩書きにとらわれず，"悪い情報"を，一人で抱え込まないことを心がけることである．困ったと手を上げる勇気をもつことである．そして，リーダーは，企業のシステム運用のムリ・ムダ・ムラに関する問題解決には，経営層を巻き込む必要性を認識しておくことである．"リーダー（自分）の失敗は，経営層（自分より上位のリーダー）の責任"という認識を忘れてはならない．

リーダーの責任と権限

　ここで，"責任と権限"について触れておく．"責任"は委譲できないが，"権限"は委譲できることの違いを忘れてはならない．部下（人々）に委譲しているのは"権限"であって"責任"ではないことを，上司（リーダー）は理解しておく必要がある．部下（人々）を怒鳴るリーダーは，"責任"まで委譲できると勘違いしているのではないだろうか．この勘違いは，おそらく"管理職（カンリをする職？）"という肩書きをもらったときに始まる．

　"毎日，同じように部下（人々）が仕事を正しく実施しているか，手順書や

マニュアルに基づき'カンリ'をすること"という，"マインドコントロール"にかからないように注意する必要がある．注意しないと，"人々の失敗は，上司（リーダー）の責任"であることを理解できない．人々に仕事を依頼しているのは，リーダーの仕事を代行する"権限"の委譲であって，その仕事の結果に対する"責任"は委譲できないからである．リーダーが人々に仕事を依頼するときになすべきことは，"責任は自分がとるから，しっかり正しい仕事をやってくれ．何かあったらすぐに連絡してくれ．すぐに駆けつけるから"と言ってみることである．

　システム・カイゼンが成功している企業では，"権限"の委譲が上手く進んでいる．リーダーに任命されたときにしなければならないのは，"仕事（プロセス）の結果を引渡す誰に対して，自分は責任があるのか？"をよく理解しておくことである．そのために，"部門型管理システム"で使われている"管理職"という呼称から"責任職"という呼称に変えることを提案したい．

　最後に，"プロセス・リーダー"の重要な"責任"について述べる．図4.1の"プロセスの構成要素"に示したように，プロセス・リーダーの責任とは"当該プロセスの品質パフォーマンス（結果）が，次のお客様側に不満足を与えていないか？"を，常にISO 9001を使って，自己反省してカイゼンできる"責任"のことである．

ポイント②
ISO 9001を有効活用して，説明／遂行責任が果たせる

　企業の"〈内部／外部〉お客様の不満足"を含む"ビジネス（品質）の不都合な結果"に対して，ただ単に社会的な説明／遂行責任を果たせというのは無理がある．現在では，〈内部／外部〉お客様の立場で作成されたISO 9001の適切な条項（活動）を使って，説明／遂行責任を果たすと効果的である．

　企業のシステムの《原因系》としてISO 9001を使うことである（図5.2参照）．"どの条項（活動）の実行が弱くて，ビジネス（品質）の不都合な結果《結

果系》になったのか？"を，リーダー（上司）が日常，反省しようとすれば，原因を分析できる．その弱かった活動の実行の状況について，説明し，同時にカイゼンを進めればよいからである．

　企業の不祥事などが発生したときに，すべてのリーダーが"ISO 9001の特性要因図"をアレンジした図6.2を使って，"どの条項（活動）のマネジメントを，正しく実行していなかったのか（弱かったのか）？"をそれぞれ自己反省して，説明責任を果たすための準備と対応をすることである．

　事前準備に基づく，適切な説明の対応スピードが，企業に対する〈内部／外部〉お客様の"信頼の程度"に影響を及ぼすことになる．ISO 9001を使ってあらかじめ企業の弱点の自己診断などを行い，継続的なカイゼンを実行していけば，企業の不祥事を未然に防ぐこと（予防すること）も可能になる．

　ISOはいよいよ"企業の社会的責任"にフォーカスしてISO 26000（SR規格）の発行を2010年の後半に予定している．日本の大半の大企業は，いち早くISOの動向を察知して準備しているのはよいが，ただ単に企業の社会的責任（CSR）部門や担当責任者を増やしてこれに対応しようとしている．ISO 26000以外にもすでに"内部統制"や"コンプライアンス（法令順守）"など，次から次に企業に対する要求が増えている．その都度，部門や人を増設，増員するだけでは"部門型管理システム"運用のムリ・ムダ・ムラが増えるだけである．規模が小さい企業にとっては，対応のための人的資源にも限界があるはずである．

プロセスベースのシステム

　ビジネスのリスク（トラブル／不満足）評価の切り口を，環境，安全を含めて360度にわたり細かく切り口を増やしたISO 26000は，幸いにも認証機関向けの認証基準ではなく，企業に対するガイドライン（指針）である．"内部統制"や"コンプライアンス"も含め企業自身で，ビジネスのリスク評価の切り口数を，品質，環境，安全及び財務を含めてもっと細かく増やして有効に活用することを目的としている．これらを有効に活用するためには，企業の部門

第7章 "マインドの質"についての10のポイント　　　63

やリーダー（上司）の数を増やさない"プロセスアプローチ"という手法を使うことである．すなわち部門ベースではなく，"プロセス"ベースで企業のシステムを再構築しておくことである．

　ISO 9001 は，企業の"部門型管理システム"を"プロセスアプローチ"で"部門間の障壁を打ち破る"ことを目的の一つにしていることは述べた．さらに品質，環境，安全や財務などのリスク（不満足／トラブル）を，"プロセス"ごとに"プロセス・リーダー"が責任をもって一緒にマネジメントすることを提言していると理解することである．

　図 7.1 にそのイメージを示す．品質＋環境＋安全＋財務のリスク（トラブル／不満足）を同時に，"プロセス"上で"プロセス・リーダー"が三つのマネジ

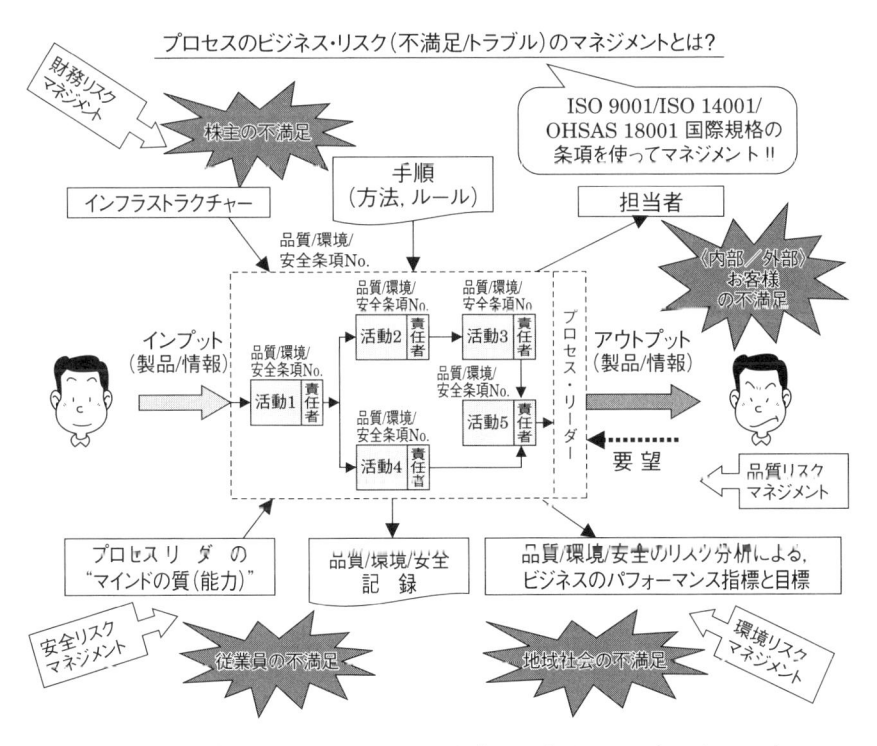

図 7.1　利害関係者の不満足を ISO 規格でマネジメントするイメージ

メントシステム規格を使ってマネジメントしているイメージ図である．

　三つの規格を同時に理解しやすくするために，巻末資料の表1に筆者がまとめた ISO 9001，ISO 14001，OHSAS 18001 の対比表を掲載した．図7.1 で示すように，品質の ISO 9001 の条項番号が決まれば環境，安全の条項番号はこの対比表で自ずと決まる．まず，品質＋環境＋安全を"統合"できる"プロセス"ベースのシステムの構築を目指すことである．

　この日常の実行を通じて，すべての"プロセス・リーダー"は，企業の社会的な責任を中心とした，説明／遂行責任を果たせるように成長するはずである．

マネジメントの統合

　品質＋安全＋環境の"統合"のポイントについて少し触れておく．部門ベースでは，品質，環境及び安全の担当管理者が別々になっているので"統合"は困難である．すなわちリーダー（上司）は，二人以上の場合が多い．これらに関する説明／遂行の責任分担も分散しており，非効率である．

　"プロセスアプローチ"を採用すれば，"プロセス・リーダー"が一人で三つのマネジメントシステム規格を理解して，"プロセス"の結果をマネジメントすることが必要条件になる．"プロセス"の結果の遂行／説明責任者である"プロセス・リーダー"自身による品質＋環境＋安全の"統合"を図ることがポイントである．筆者の経験では，ISO 9001，ISO 14001 及び OHSAS 18001 の本質を，ISO 9001 から順番に学習して，それぞれの研修や審査が一人でできるようになった．三つの規格にはそれぞれ特徴があり，いろいろな気づきを与えてくれる．

　"プロセス・リーダー"が，"プロセス"運用の現場で同時に発生している"ビジネスの不都合な結果"を三つに分けてマネジメントするのは，非効率である．言い換えれば，品質，環境，安全及び財務などに関して，別々のリーダー（上司）が説明責任や遂行責任を果たすやり方では，人的資源のムリ・ムダ・ムラが増大するのは明白である．

　"企業のビジネスには，一つのシステムしかない"という言葉がある．リーダー

は率先垂範して，企業のビジネスの社会的な説明/遂行責任を果たすために，"利害関係者重視"で作成された三つのマネジメントシステム規格をベースに学習しなければならない．

　土台作りができたら，今度は ISO 26000 を含むその他の要求を，"プロセスアプローチ"という同じ土俵上に乗せて学習するのである．マネジメントシステム規格やその他のガイドラインの本質は何かを効率よく学習し，一人ですべてを"統合"できるように"マインドの質"レベルを高めていくことである．三つのマネジメントシステム規格にはそれぞれ特徴がある．リーダーの"マインドの質"のレベルアップに，非常に有効である．

　まず ISO 9001 の本質を学習して，リーダー自身の"マインドの質"レベルを高め，人々（部下）に言って聞かせられる環境づくりを急ぎたいものである．三つのマネジメントシステム規格は，"統合"を意図して"両立性"の向上を改正の都度，図っている．企業のシステムの主要な要素が整っている，ISO 9001 を中心に学習するのがよい．巻末資料の表 1 を使って，共通な条項は，詳細な記述がある方を優先的に理解すると学習の効率も上がる．

リーダーのマインド

　企業は，リーダー（上司）たちの説明/遂行責任の"マインドの質"レベルの総和以上には，説明/遂行責任は果たせないのではないだろうか．一つの例として企業の不祥事の多発である．リーダーの"マインドの質"レベルが低下し，ほとんどの企業が株主偏重で，かつ目先のコストダウン優先に走り過ぎている傾向にある．これは，企業の社会的な責任に対するリーダーの"マインドの質"レベルの向上を図ってこなかったつけが回ってきたと理解できる．まず ISO 9001 を学習して説明/遂行責任を果たせるように，リーダーの"マインドの質"レベルの向上を図る必要がある．

　ISO ならずとも日本の伝統ある企業には，"損して，得（徳）を取れ"や"企業の道義を果たせ"などという，現在に通じる家訓がある．また，近江商人の取引の背後にあった社会の眼にも気配りをした，"三方良し"の精神も大切に

したいものである．ISO アレルギーにならず，積極的に"企業，〈内部 / 外部〉お客様及び〈内部 / 外部〉供給者の三方良し"の ISO 9001 を効果的に学習し直し活用することである．今こそこの学習を通じてリーダー（上司）の"マインドの質"レベルを向上させて，日本の本来の"商いのマインドの質"レベルに原点回帰するときである．

ポイント③
"山本五十六サイクル"を大いに使って人材育成ができる

日本には，戦中の山本五十六連合艦隊司令長官の有名な言葉に，"やって見せ，言って聞かせて，させてみて，ほめてやらねば，人は動かじ"というものがある．これは，企業で上司が部下を育成するのにも役立つ名言である．筆者は，"上司が，やって見せ又は言って聞かせて，立ち会って，部下にやらせてほめて，課題を一緒になって考える"とアレンジしてみた．これを筆者は"山本五十六サイクル"と名づけた．人々（部下）を育成し動かす極意が日本にあったことを忘れてはならない．この人材育成の極意は，日本の宝である．この名言の後半部分も参考までに紹介しておく．"話し合い，耳を傾け，承認し，任せてやらねば，人は育たじ"と"やっている，姿を感謝で見守って，信頼せねば，人は実らじ"とある．

ISO 9001 では 6.2.2 項"力量，教育・訓練及び認識"([1]) を，ISO 14001 及び OHSAS 18001 ではそれぞれの 4.4.2 項"力量，教育訓練及び自覚"([2])([3]) を，リーダー（上司）はよく学習し，人々（部下）にわかりやすく言って聞かせるときに大いに活用することである．

注([1]) ISO 9001 の 6.2.2 項"力量，教育・訓練及び認識"
"組織は，次の事項を実施しなければならない．
a) 製品要求事項への適合に影響がある仕事に従事する要員に必要な力量を明確にする．
b) 該当する場合には，その必要な力量に到達することができるように教育・訓練を行うか，又は他の処置をとる．
c) 教育・訓練又は他の処置の有効性を評価する．

第7章 "マインドの質"についての10のポイント　　　　67

　　　　d) 組織の要員が，自らの活動のもつ意味及び重要性を認識し，品質目標の達成に向けて自らがどのように貢献できるかを認識することを確実にする．
　　　　e) 教育・訓練，技能及び経験について該当する記録を維持する（4.2.4参照）．"
注(²)　ISO 14001の4.4.2項 "力量，教育訓練及び自覚"
　　　"（前略）組織は，組織で働く又は組織のために働く人々に次の事項を自覚させるための手順を確立し，実施し，維持すること．
　　　　a) 環境方針及び手順並びに環境マネジメントシステムの要求事項に適合することの重要性
　　　　b) 自分の仕事に伴う著しい環境側面及び関係する顕在又は潜在の環境影響，並びに各人の作業改善による環境上の利点
　　　　c) 環境マネジメントシステムの要求事項との適合性を達成するための役割及び責任
　　　　d) 規定された手順から逸脱した際に予想される結果"
注(³)　OHSAS 18001の4.4.2項 "力量，教育・訓練及び自覚"
　　　"（前略）組織は，組織の管理下で働く人々に次の事項を自覚させるための手順を確立し，実施し，維持しなければならない．
　　　　a) 作業活動及び行動による顕在又は潜在のOH&Sの結果，及び各人のパフォーマンスが改善された場合のOH&S上の利点
　　　　b) OH&S方針及び手順，並びに緊急事態への準備及び対応の要求事項を含むOH&Sマネジメントシステムの要求事項への適合性を達成するための役割及び責任並びに重要性
　　　　c) 規定された運用手順から逸脱の際に予想される結果（後略）"

人材育成の原点回帰

　現状は，人々（部下）に言って問かせ，立ち会ってやらせることができるリーダー（上司）が，非常に少なくなっている．脱マニュアル主義を図り，日本の伝統的な強みであった人材の育成に関して，もっと企業ごとにノウハウを確立し差別化を図ることが必要である．リーダーが三現（現場・現物・現実）主義で，"山本五十六サイクル"をスパイラルアップしながら人材の育成が実行できるように，リーダーの"マインドの質"レベルを高めることである．
　"マインドの質"レベルが向上したリーダーを要所要所に再配置して，企業

のビジネスを持続可能な成功に導くことが重要である．この不況時こそ経営層は，リーダーの"マインドの質"レベルを高める絶好の機会であるととらえるべきである．

まず企業の"〈内部/外部〉お客様の不満足"を含む"ビジネス（品質）の不都合な結果"に関して，ISO 9001 を使ったカイゼンに着手するための環境を経営層は整えるとよい．経営層が，"山本五十六サイクル"の実行という日本流の原点に戻ることがポイントである．リーダー（上司）は人々（部下）を育成する責任があるということを理解して，ISO 9001 の 6.2.2 項"力量，教育・訓練及び認識"を学習しなければならない．ISO 9001 の 6.2.2 項を活用できるリーダー（上司）を確保した企業が競争優位性を保てるのである．その結果，企業のビジネスが持続可能な成功へとつながることを経営層は認識すべきである．

リーダー（上司）の"マインドの質"レベルがよくなれば，人々（部下）の"マインドの質"レベルもよくなる．リーダーは忙しいから人々の育成をする時間がない，と言いわけをしないでほしい．リーダー（上司）は，人々（部下）に ISO 9001 の 6.2.2 項の d)（"組織の要員が，自らの活動のもつ意味及び重要性を認識し，品質目標の達成に向けて自らどのように貢献できるかを認識することを確実にする，ことを実施しなければならない"）を使って，言って聞かせることができなければならない．補足するとリーダー（上司）は，人々（部下）に"当該の活動のもつ意味と重要性を認識させること"と"プロセスの目標の達成にどのように貢献できるか認識させること"の手抜きをしてはならないということである．

リーダー（上司）は人々（部下）が理解できる言葉にかみくだいて，対面して，双方向で，水平目線で頻度よく繰返し言って聞かせる，双方向のコミュニケーションを実行することである．

T自動車では，失敗の経験のあるリーダーの立会いのもとで，次の世代を担うリーダー候補に失敗の経験をさせ，育成をするには 10 年以上かかると報告している．この 10 年を短縮するには，ISO 9001 の 6.2.2 項"力量，教育・

訓練及び認識"について，主体性をもって現在のリーダーたちが学習し理解し，"山本五十六サイクル"を回せるようになるかのスピードにかかっているといっても過言ではない．

現状は，ISO 9001を導入して10年前後，経過している企業が多い．しかし，人々（部下）の育成をするべきリーダー（上司）の"マインドの質"レベルが向上している企業は少ない．"言って聞かせること"と"立ち会って，やらせてほめて，能力が身についたと評価したら，権限委譲すること"の実行が弱くなっているといえる．

また，近年日本における学歴社会の学校教育の問題もクローズアップされているが，学校の先生が生徒に対して，"山本五十六サイクル"を回せれば，ほとんどの問題は解決できるのではないかと思う．

将来を任う人材の育成

これからの企業は，国内は言うに及ばず，国外でISO 9001を有効に活用して人材を育成できるリーダーを確保していかなければならない．こうした人材が，企業のグローバルな競争優位を確立する上でも重要である．人件費が高騰した国内では，設備投資より人材育成の能力のあるリーダー（上司）の育成と確保に優先的に投資して，要所要所に再配置することが重要である．

マニュアルや手順書では教えられない，"人を見て法（ISO 9001）を説く能力"が必要である．二宮尊徳の言葉に，"一人の心（マインド）の荒廃を救えば，土地の荒廃は何万町あろうとも恐れるものではない"というものがある．一人でも多くのリーダーの"マインドの質"レベルを向上させることである．そのためには，経営層が率先垂範して，常時ISO 9001を介して"ビジネス（品質）の不都合な結果"の継続的カイゼンに関する，双方向のコミュニケーションを活発に実行することが大切である．

失敗と危険予知

いま企業の安定期を作り上げた，失敗の経験が豊富な団塊世代の人々の退職

が始まっている．バトンを引き継いだリーダー（上司）には，団塊の世代の人々に失敗の事例集（ビデオによる画像と音声などがよい）を残してもらうとよい．企業として同じ失敗を繰り返さないようにしたいものである．失敗事例集は，人材育成のノウハウの伝承方法としても重要である．現在の安定期を迎えたリーダー（上司）としての自分と，次のリーダー育成にも役立つ，失敗事例集の学習やトレーニングができる環境づくりをしていくことも大切である．企業の安定期に育ち，バトンを受け継ぐ失敗経験の少ないリーダーは，危険予知の能力が高くないことが多い．その結果として，同じような失敗を繰り返すと，企業の損失は計り知れないし，もったいない限りである．

ポイント④
悪い情報を積極的に吸い上げ，経営層にインプットすることで問題解決できる

システム・カイゼンに成功している企業では，"ビジネスの不都合な結果"の情報，すなわち"悪い情報"の大小を問わず，経営トップにまで包み隠さず伝達して，共有化するオープンなシステム（仕組み）になっている．この"悪い情報"を，いかにスムーズに吸い上げるシステムを構築するかである．これもトップダウン（上意下達）のベクトルが強い"部門型管理システム"においては，"悪い情報"が経営層に伝わりにくい，逆のベクトルのままとなっている場合が多い．

"部下の失敗は，上司の責任"の原則を，最上位のリーダー（上司）である経営トップまで確立しておかないと，ボトムアップで人々（部下）から"悪い情報"の報告，連絡，相談をするのは困難である．リーダーは，企業のビジネスの現場で起きている品質，環境，安全，財務に関する"悪い情報"を積極的に吸い上げ，経営トップを含めてリーダー全員で共有化できるシステムを構築するように努めなければならない．

それにはリーダーが，積極的に"悪い情報"に耳を傾けて吸い上げる姿勢と

"悪い情報"を言ってきたら"ほめる"ことが重要である．"山本五十六サイクル"にもあるように，"ほめられる"と次につながる．リーダーは"悪い情報"を傾聴して，三つのマネジメントシステム規格に照らして整理して，経営トップまですばやく報告できる企業のシステム又は環境づくりに勤しむ(いそ)ことである．当然の結果として風通しがよくなり，三つのマネジメントシステム規格の本質を経営トップまで伝道できることにもなる．

内部監査で，悪い情報を把握する

ISO 9001 は，企業の風通しをよくするための手段として，8.2.2 項"内部監査"を要求している．この 8.2.2 項の b) には，"品質マネジメントシステムが効果的に実施され維持されているか，が満たされているか否かを明確にするために，あらかじめ定められた間隔で内部監査を実施しなければならない"とある．補足すると効果的とは，有効性と同じである．有効性の定義は，ISO 9000 の 3.2.14 項に"計画した活動が実行され，計画した結果が達成された程度"とある．ISO 内部監査では，企業のシステム運用の有効性を検証することを忘れてはならない．言い換えれば，企業にとって"悪い情報"が経営層まで伝達されている"程度"を検証することである．

経営層は自企業の計画が達成されなかった"悪い情報"も入手したいはずである．内部での検証を通じて，今までなかなか把握できなかった計画が達成されなかった"悪い情報"を積極的，客観的及び公平に経営層が吸い上げる手段として内部監査を設計しているのである．2000 年（第 3 版）以降の ISO 9001 は，"〈内部/外部〉お客様の不満足"を含む"ビジネス（品質）の不都合な結果"という"悪い情報"を顕在化させ，継続的にカイゼンを実行することも目的としている（8.5.1 項"継続的改善"参照）．企業にとって"悪い情報"を，リーダー（上司）がすばやく把握するシステム又は環境づくりを意図しているといえる．

しかし，ISO 9001 のこの意図を理解していない企業が実に多い．現状の内部監査や外部審査の実態は，会議室にこもって"文書がそろっているかどう

か？"の検証が中心で，そのうえ現場でも"当該部門の手順書のとおりに，仕事を正しくやっているか？"の非常に狭い範囲のチェックが中心になっている．そのため，"〈内部／外部〉お客様の不満足"を含む"ビジネス（品質）の不都合な結果"という"悪い情報"を把握できていない，本来の目的も果たせていない企業が多いのである．

相手の意見を傾聴する

この原因の一つとして"監査"という日本語の印象が，間違った解釈を与えていると考えられる．英語は"オーディット（Audit）"である．相手の話をよく聞く（傾聴する）という意味を含んでいる．ISO 9000 の 3.9.1 項 "監査"の定義は，"監査基準が満たされている程度を判定するために，監査証拠を収集し，それを客観的に評価するための体系的で，独立し，文書化されたプロセス"とある．補足すると，監査基準は基本的に ISO 9001 などマネジメントシステム規格である．

ポイントは，"満たされている程度"に着目することである．"悪い情報"が経営層まで伝わらないシステムは，満たされている程度が低い，又は成熟度レベルが高くないのである．したがって"オーディット"という本来のもつ意味を活かすことである．監査する側は，インタビューを通じて，"相手の話（特に悩みや不満足）をもれなくよく聞く"ことである．決して相手をいじめることにならないように，注意しなければならない．相手をチェックする姿勢では，"悪い情報"をオープンにするはずがない．相手の意見を傾聴する姿勢でなければならない．

失敗が許されない企業風土の場合や肩書きに執着しているリーダー（上司）が多い場合など，不適切さや不都合な真実を指摘されるのを嫌がり，またこれらの情報を隠そうとする一般的な傾向がある．リーダーに求められるのは，正しい内部監査や外部審査を通じて，自分たちが気づかなかった"悪い情報"を積極的に吸い上げる又は受け入れる姿勢をまず示すことである．リーダーは裸の王様にならないためにも，もっと多面的に不適切さや不都合な真実の"悪い

第 7 章 "マインドの質"についての 10 のポイント　　73

情報"に積極的に耳を傾けることを実行することである．"悪い情報"を把握したら，"〈内部/外部〉お客様重視"で作成された ISO 9001 を使ってみることである．リーダーは，客観的かつ公平に ISO 9001 を使った自己反省とカイゼンができるように，"マインドの質"のレベルを向上させることがポイントである．

リーダーは失敗をほめる

　悪い情報"を隠さずスムーズに顕在化させる企業環境は，人々（部下）能力を信じない，管理を強化するだけの"性悪説"からは決して生まれない．人々能力を信じる，"性善説"から生まれる．言い換えれば，人々（部下）の能力を押さえつける管理の強化からは，"悪い情報"を隠す文化しか生まれない．

　リーダー（上司）は人々（部下）が失敗した場合，いい経験をしたねとほめて吸い上げることである．人々はミスを犯そうとして仕事をやっているのではない．逆にリーダー（上司）自身が，人々の失敗を自分の責任としてすぐ反省する姿勢がないと，隠す文化は打破できない．

　リーダーとしての自己反省では，ISO 9001 の 5.5.1 項"責任及び権限"と 6.2.2 項"力量，教育・訓練及び認識"を大いに使って，自分の弱みを反省しカイゼンすることが重要である．すなわち人はミスを犯すことがあり，リーダーといえどもミスを犯すものである．ミスを犯したらいかにスピーディーに，ISO 9001 の適切な条項に基づき"リーダー自身がまず反省しているか？"につきる．この姿勢が，企業に対する〈内部/外部〉お客様の"信頼の程度"に関係しているといっても過言ではない．

　人々（部下）の能力を信じない，責任他人論的な安易な設備投資やチェックによる管理の強化などによる問題解決は，"性悪説"の名残りそのものである．リーダー（上司）自身がまず反省し，言って聞かせれば人々（部下）の"マインドの質"のレベルが高まる．"性善説"で ISO 9001 の本質を理解し活用するとよい．

悪い情報をつつみ隠さず伝える

不祥事やトラブルが発生しても，チェックを増やすなどの"管理の強化"という，応急処置レベルのカイゼンで済ませている企業が実に多い．"管理の強化"が行き過ぎた環境では，"悪い情報"は隠され続けるだけである．企業で発生している管理上の"悪い情報"の再発（納期遅れ，数量間違い，品種違いや異物の混入など）が繰り返されていても，軽度の問題であると"管理"依存型のリーダー（上司）が独断して，これらの"悪い情報"を経営トップにまで十分に伝えていないのが現状である．

管理上の人的な要因のウェイトが高いトラブルの"悪い情報"こそが，"〈内部/外部〉お客様重視"で判断すると重大な情報なのである．リーダーは，これらの管理上のトラブルに関する再発防止を優先的に取り上げることである．管理上のトラブルの"悪い情報"が，"部門型管理システム"運用のムリ・ムダ・ムラのカイゼンの重要なヒントなのである．リーダーは，ISO 9001 の本質の学習を通して，このことを理解できる"マインドの質"のレベルを有している必要がある．

企業の管理上の"悪い情報"を，"〈内部/外部〉お客様重視"の ISO 9001 を活用して，客観的かつ公平にすべて隠さず，経営トップにまで伝えられるシステムの構築を急ぐべきである．管理上の"悪い情報"も区別なく伝えることができるリーダーを早急に育成し，要所要所に配置しないと，企業はビジネスの持続可能な成功を望めない．リーダーは，主要な〈外部〉お客様情報に関しても，重要/重大クレームとか軽度のクレームなどと区別しないことである．すべての"悪い情報"を経営トップまで隠さず伝え，共有化するシステム又は環境づくりに勤しむことである．

ISO 9001 のデータ分析の 8.4 節の a) では，"顧客満足"に"関連する情報を提供しなければならない"と求められている．補足すると，特に"悪い情報"の中でも"〈内部/外部〉お客様の不満足"のデータを分析する必要性を提言しているのである．これを理解している企業では，管理上の"悪い情報"を含んだ"〈内部/外部〉お客様の不満足"にフォーカスして，"部門型管理システム"

運用のムリ・ムダ・ムラのカイゼンが進んでいる．

システムの欠陥はトップの責任

"部下の失敗は，上司の責任"でも述べたが，軽度のクレームの責任も"経営トップの責任"である．あるビジネスの裁判で，元社長が"ある品質クレームの情報を聞いていなかったから，私に責任はない"と言ったという報道があった．"悪い情報"を吸い上げるシステムを構築しなかった責任があるはずである．お客様やユーザーの情報のすべてを"宝の山"として扱わず，どこかで誰かがお客様やユーザーの情報に関して伝達の操作をしている場合が多い．お客様情報をスムーズに伝達できないシステムは，"部門型管理システム"の典型的な欠陥であるともいえる．"悪い情報"をいち早く経営トップまで伝達し，効率よく反省しカイゼンできるシステムをもっていないと競争優位は保てないのではないだろうか．

ポイント⑤
リーダーの"マインドの質"レベルが上がれば，品質コストは大幅に下がる

ムリ・ムダ・ムラのカイゼン

日本では"よい品質の製品を作れば売れるはずだ，品質とは製品の品質のことだ"と，狭義の品質の議論がいまだに行われている．

ハードの製品の品質を現在の品質以上に上げれば，ハードの製品の品質コストは高くなるのは当然である．お客様の要望以上の製品を作れば，確かに，それだけ品質コストは高くなるはずである．製品の品質を上げすぎると，損失を負担するのは企業側である．製品の品質基準は，お客様のニーズ・期待に対して，"それ以上でもなく，それ以下でもない"その幅を最低にしておかないと，企業の損失が増大するのは当然である．

この背景には，大量生産時代の企業経営は，ほとんどシーズ動機型で〈外部〉

お客様のニーズ・期待以上の製品を作れば，売れるはずだという文化が根強く残っている．ISO 9001 が日本に上陸したとき，日本の大半の企業が"製品の品質はワールドクラスである，なぜ，ISO 9001 の認証を取得しなければならないのか？"という議論があった．ISO 9001 の本質は，企業の"部門型管理システム"運用のムリ・ムダ・ムラ（売上高の30％以上）の継続的なカイゼンがメインであるといっても過言ではない．言い換えれば，"製品の品質"レベルだけではなく，

・製品を生み出すすべての部門の"活動（仕事）の質"レベル
・その活動に直接又は間接的に携わる人々の中でも部課長クラスの"マインドの質"レベル
・その"結果の質"レベル

のすべてが，ムリ・ムダ・ムラのカイゼンの対象である．

　ISO 9001 は，製造部門だけの部分最適でなく，企業のパートナーを含むすべての部門の全体最適を意図している．"パレートの法則"を適用して考えると，企業の"部門型管理システム"運用のムリ・ムダ・ムラの大部分（80％）は，経営層をはじめとする部課長クラスの"マインドの質"レベルというわずかな要因（20％）に基づいているといえる．

　時代は，売れない製品すなわち捨てられる製品にも，処理コストを計上する時代になった．環境会計（マテリアル・フロー・コスト会計）の導入にも目を向ける必要まで出てきた．企業の"部門型管理システム"運用の全体のムリ・ムダ・ムラをカイゼンし，"出を制す"を図らないと，品質コストはアップするだけである．

　一つの典型的な例が，〈外部〉お客様の製品品質に関する要求の高まりとともに，検査の活動を増やしている例である．検査の活動を減らすために，製造工程での作り込みは言うに及ばず，設計部門や営業部門などの反省やカイゼンも一緒に行うことである．ISO 9001 の 7.5.2 項"製造及びサービス提供に関するプロセスの妥当性確認"の b)には，"設備の承認及び要員の適格性確認"を"含んだ手続きを確立しなければならない"とある．補足すると，"製造プ

ロセス"だけではなく，企業のシステムを構成するすべての"プロセス（≒部門）"に携わる，すべての"プロセス・リーダー（≒部課長）"を含む要（かなめ）となる人々の適格性の妥当性確認を提言しているのである．

全体最適を図るマインド

　欧米では，"ビジネスの質"のレベルをマネジメントすることを，トータル・クオリティ・マネジメント（TQM）と呼んでいる．TQMは，企業のビジネスにかかわる利害関係者のニーズ・期待を重視している．

　日本におけるシーズ重視の製品のTQC（総合的品質管理）とは，範囲が異なっていることをこの機会に考え直すとよい．W.E.デミング博士により伝えられた品質管理手法も，20世紀の大量生産時代に日本では，"よい物を作れば売れるはずだ"のシーズ重視のもと，製造部門及びハードの製品を中心に応用展開して，製品の品質はワールドクラスを維持している．

　しかし，W.E.デミング博士が考えていたのは，製造部門だけではなく，ソフトの製品/サービスを生み出す，すべての部門が対象であったとの話がある．W.E.デミング博士は，企業の"部門型管理システム"の"部門間の障壁を打ち破る"ことを指導したが，いまだに部門間の障壁が打ち破られていないのが現状である．

　ある部門内部だけの部分最適ではなく，企業のシステム全体の最適化を意図することである．リーダーの一員である部課長クラスを中心に，昔はなかったポテンシャルの高いISO 9001の本質である"プロセスアプローチ"と"〈内部/外部〉お客様重視"をもっと埋解するとよい．

　"部門型管理システム"運用のムリ・ムダ・ムラのカイゼンの中心は"〈内部/外部〉お客様の不満足"である．その中でも部門間の障壁を乗り越えて，〈内部〉お客様側部門の不満足にフォーカスしたコミュニケーションを活発化させることである．〈内部〉お客様側部門の不満足のカイゼンを優先的に着手しようとする，"マインドの質"レベルを部課長クラスが最低限，備えている必要がある．

"部門型管理システム"運用の全体のムリ・ムダ・ムラ（売上高の30%）のカイゼンが促進できると，"トータルの品質コストは下がり，収益が向上する"．このことを ISO 9001 を介して学ぶとともに，リーダー（上司）としての"マインドの質"レベルの向上を図ることである．ISO 9001 の"プロセスアプローチ"を採用し，"プロセス型マネジメントシステム"を構築すれば，最大の効果を上げることが可能である．

ポイント⑥
究極のコストダウンのために，ビジネスのトラブル（リスク）を減らす

　日本では米国に学び，20世紀の大量生産時代には製造部門を中心に，設備投資をして，誰がやってもできるようにと"手順書による仕事の標準化"と，QC手法や創意工夫，カイゼン活動により成功してきた．しかし，社員の人件費が高騰すると，人件費の安いビジネスパートナーを探し，コストダウンを図ってきたが，少量多品種時代の21世紀を迎え，限界に来ているのではないだろうか．企業の持続可能な成功のためには，何のカイゼンにチャレンジすべきかを"自分で考える（セルフコントロールする）"ことが肝要である．

　経営層は，製造原価のコストダウンのために単純な人件費の削減を指揮するべきではない．企業のビジネスのサプライチェーン全体での，トラブルの低減を，指揮するのがポイントである．なぜなら，トラブルが発生すると，"〈内部/外部〉お客様の不満足"に直接的又は間接的につながってくるからである．このポイントを踏まえて設計されたのが，"〈内部/外部〉お客様重視"のISO 9001 の本質でもある．

コストダウンよりもトラブル低減を
　人件費の安いところに仕事をシフト（アウトソース）するだけでは，企業のビジネスの持続可能な成功は不可能な時代になった．人件費が安いところは人々の"マインドの質"レベルが低く，仕事のトラブルが増大するのは，当然

のことである．トラブルが増大すると，品質コストのムリ・ムダ・ムラも増大することを考慮するべきである．むしろ人件費が高くてもトラブルが少ないところに仕事を頼むことである．言い換えれば，ビジネスパートナーを含む人々の"マインドの質"レベルを高めて，有効に活用する時代である．まずリーダーの"マインドの質"レベルを高めて，従来の品質コストの管理責任という"マインドコントロール"から脱皮を図ることが，ポイントである．

　リーダー（上司）は，"製品のコストダウン！"だけを叫ぶのではなく，急がば回れで，ビジネスパートナーも含めたサプライチェーン上の，"ビジネスのトラブル（リスク）の低減！"を叫ぶことである．一般的に，リスク（重大性）＝（トラブルの発生頻度）×（トラブルが発生したときの影響度）という式がある（図9.1参照）．ISO 9001の本質は，"ビジネス（品質）のトラブル低減による〈内部/外部〉お客様の不満足のカイゼン"が中心である．したがって，リスクとは"トラブル又は不満足"のことと理解してもよい．

　リーダーは，"〈内部/外部〉お客様の不満足"を含む"ビジネス（品質）の不都合な結果"のリスク（トラブル/不満足）情報をよく把握して，自己反省しカイゼンする責任者（オーナー）としての"マインド（オーナーシップ/当事者意識力）の質"レベルを高める必要性も，ISO 9001に学ぶことである．

　オーナーシップ（当事者意識力）が高い企業では，ビジネスパートナーを選択し契約するときから一般の企業とは異なる．経営層が"人件費は，いくら安くなるのか？"ではなく，"もしトラブルが発生したときの，うちの費用負担はどのくらいになるのか？"と相手の能力を確認して，ビジネスパートナーの選定の意思決定をしている．そのためビジネスパートナーがトラブルを発生させたとき，共同責任として経営層が関与して，問題解決に当たっている．選定の共同責任としてビジネスパートナーを育成するための必要な投資と考え，長期的視野で"パートナーシップ（共働力）"の強化を決断している．

　ISO 9001は，ISO 9000の"品質マネジメントの8原則"の**"供給者との互恵関係"**（[1]）［ISO 9000の0.2節のh）］も設計ベースにしている．

　　注（[1]）　"供給者との互恵関係"の定義："組織及びその供給者は相互に依存して

おり，両者の互恵関係は両者の価値創造能力を高める"

供給者の評価と内部監査

補足するまでもなく供給者（ビジネスパートナー）との"互恵関係"を構築することがポイントである．現状は結果として供給者いじめになっている場合がないだろうか．

供給者と契約を結ぶ又は結んでいる場合は，ISO 9001 の 7.4 節"購買"を大いに活用することである．補足すると 7.4 節"購買"を使って，供給者の能力の評価ができるリーダー（上司）が企業には必要になる．その結果を経営層に報告し，経営層が意思決定する体制づくりが不可欠である．

そのためには，ISO 9001 の 8.2.2 項"内部監査"の条項を満たした，企業内部の能力の自己評価（有効性以上の成熟度レベルの評価）ができる体制を確立しておくことである．この ISO 内部監査の体制作りができていないと，供給者の正しい能力の評価はできない．

企業内部での ISO 内部監査のチーム・リーダーは，ISO 9001 の本質を理解した"プロセス・リーダー（≒部課長）"クラスが務める必要がある．現状は，現場の監督者以下のクラスが務めていて ISO 9001 の本質を理解していない場合が多い．

ISO 9001 の本質から診た ISO 内部監査のポイントは，"〈内部／外部〉お客様側に，不満足がないか？"のインタビューを忘れないことである．インタビューした結果，"〈内部／外部〉お客様側に不満足"があれば，"当該プロセス・リーダー（≒部課長）"に，ISO 9001 に基づき"有効性から診た不適合やカイゼンの機会"を提言できなければならない．また，その結果については，経営層まで報告できなければならない．その後，これらの"悪い情報"をカイゼンするためには，すべての"プロセス・リーダー（＝部課長）"が集まり，"ISO 9001 を使ったブレーンストーミング"で，根本的な原因の分析を実行しなければならないからである．

ビジネスパートナーへの伝道

　最近，ビジネスのトラブルが目立つのが，企業の内部や外部のビジネスパートナーとの境界領域のところである．人件費の高騰などにより，社員から派遣社員に切り替えが進んでいる．ラインの検査の活動やアウトソーシングしている活動（製造活動以外に，出荷輸送や設備保全などサービス活動を含む）などの領域で，トラブルが多発している．

　経営層は，企業のビジネスの持続可能な成功のために，ビジネスパートナーを重視して企業のファミリーの一員として扱うことである．企業のために働くビジネスパートナーの"マインドの質"レベルを大いに向上させることである．このためには，ISO 9001の本質を伝道することを投資として考えるべきである．目先の利益やコストダウンのみを追求するのではなく，急がば回れである．

　人件費が高騰している時代であればこそ，ビジネスのリスク（トラブル/不満足）について，反省しカイゼンする能力が発揮できるリーダーの育成と活用に，投資を考えるのが真の経営ではないだろうか．

　実は，投資の費用はそんなに必要ではない．経営層がISO 9001に基づき，"〈内部/外部〉お客様の不満足"を含む"ビジネス（品質）の不都合な結果"の情報を積極的に聞く姿勢を示せばよいのである．

チームとリーダー

　肩書きにこだわらず，企業内の人材を見てみると現場型で失敗の経験も豊富な人が存在する場合が多い．失敗の経験が多い人は，一般的にビジネスのリスク（トラブル/不満足）のマネジメント能力がある人材である．N自動車の成功に見るように，肩書きにこだわらず，経営トップの眼力でプロジェクト・リーダーを10人前後選び直し，抜擢し，権限委譲することである．10人前後としたのは，企業の規模が影響するからである．

　経営トップの後ろ盾のもと，部門の壁を取り外して横断的にメンバーを集め，必要な数のプロジェクトチームを編成することである．顕在化している"〈内部/外部〉お客様の不満足"を含む"ビジネス（品質）の不都合な結果"にフォー

カスし，ISO 9001の本質を活用してカイゼンを実行すると，短期間でカイゼンの成果を得ることが可能である．

ビジネスの話からはそれるが，2009年に2連覇を達成した野球のワールド・ベースボール・クラシック（WBC）の例を取り上げる．日本代表チームは，監督やコーチを含めすべての球団やプロ野球選手の中からチーム横断的に選抜された．メンバーが全員一丸となって，一人ひとりが日の丸を背負っているという"マインドの質"レベルの高さとチームプレイに徹するという"日本人らしさ"を見せて2連覇を達成したのは記憶に新しいと思う．企業のビジネスでも，この"日本人らしさ"を強みとして復活させることではないだろうか．

すなわち企業における"日本らしさ"とは，企業の経営層が一緒になって"和のマインド"を発揮することである．企業の道義として，"和のマインド"のもと，三現（現場・現実・現物）主義で，大小を問わず"ビジネスの不都合な結果"のカイゼンを実行することの復活ではないだろうか．この実行にあたっては，ISO 9001，ISO 14001 及び OHSAS 18001 の三つのマネジメントシステム規格の本質を理解し活用できる，リーダーを確保しておく必要性がある．ISO 9001では，5.5.2項"管理責任者（management representative）"の任命を求めている．補足すると，三つのマネジメントシステム規格に共通な要求でもある．企業のリーダーのうち，誰がふさわしいかは経営トップが判断すべきである．本書では，"管理責任者"をあえて〈経営補佐〉と表現している．

問われるべきはマインドの質

N鉄道社の事故は，日勤教育として効率優先のプレッシャーをかけられていた運転手による，不幸な事例であった．しかしその後，人命を預かる運転手の安全に対する"マインドの質"レベルの向上についての議論は少なく，緊急自動停止装置があったら防止できたのではないかとか，効率化のための設備の自動化至上主義が，マスコミを含め相変わらず蔓延っている．

本来であれば，企業の社会的な責任（道義）に関して，リーダー（上司）の"マインドの質"レベルが問われるべきである．日勤教育では"人命を預かる

運転の基本は，安全第一である"を，リーダー（上司）がわかって"言って聞かせて"いたのだろうか．"経営層を含むリーダー（上司）が，このことを言って聞かせていたか？"が，裁判でも問われるべきである．繰り返すが ISO 9001 の 6.2.2 項の d) には，"組織の要員は，自らの活動のもつ意味及び重要性を認識し，品質目標の達成に向けて自らがどのように貢献できるかを認識することを確実にする"ことを"実施しなければならない"とある．

　食品でも同じである．ある製菓メーカーでは工場長や課長が節約の名目などで，有効期限切れの材料の使用を指示していたとの報道もある．ISO 9001 は，企業が不祥事を発生させたとき，社会的な責任を追及する場合にも使える．"リーダー（上司）が，ビジネス（品質）のリスク（トラブル / 不満足）を，〈内部 / 外部〉お客様重視で，あらかじめ反省しカイゼンしようとしていたか？"の検証を提言しているといっても過言ではない．

　企業のリーダーは言うに及ばず，企業のシステムを自己検証する内部監査員・認証する外部審査員，企業の不祥事の裁判に携わる弁護士・検事・裁判官，マスコミ関係者，さらには縦割り行政の構造を動かす政治家や官僚の方々も，"〈内部 / 外部〉お客様重視"の ISO 9001 の本質を，学習し理解していると役立つに違いない．なぜなら，企業のビジネスにおける不祥事発生の根本的な原因は，企業のシステムを運用しているリーダーの社会的な責任に対する"マインドの質"レベルに，問題があることが多いからである．前にも触れたが，リーダーは決して責任他人論の"性悪説"で，ビジネスのリスク（トラブル / 不満足）のマネジメントを実行してはならない．

ポイント⑦
〈内部 / 外部〉お客様の不満足に関する情報は，すべて宝の山と考える

　"悪い情報"を積極的に吸い上げ，すぐ経営トップまで報告することを本章のポイント④で述べた．リーダー（上司）は，特に"〈内部 / 外部〉お客様の

不満足"に関する情報について大小の区別をせず，すべて経営トップにまで伝えることが重要である．システム・カイゼンが成功している企業では，"〈内部/外部〉お客様の不満足"に関する情報は，すべて経営トップまで共有化されている．小さな〈内部/外部〉お客様の不満足に対する責任も，経営トップにあるからである．

　すでに紹介した，元社長が品質クレームを聞いていなかったと言った裁判の例はまさに，企業の部門間の障壁が邪魔をしているからではないだろうか．部門間の壁のどこかで誰かが悪意はなく（？），"〈内部/外部〉お客様の不満足"に関する情報伝達を妨げる操作をするような仕組みであったからである．"〈内部/外部〉お客様の不満足"に関する情報がスムーズに流れない又は正しく伝達できないのは，"部門型管理システム"の欠陥であるといえる．言い換えれば，"部門型管理システム"運用のムリ・ムダ・ムラが，そこに存在しているからである．

　ISO 9001 の本質は，"ビジネスの悪い情報を正しく伝達するシステム論"だと筆者は考えている．一般的に軽度のクレームとされる"悪い情報"は，経営層までなかなか伝達されず，経営層をまじえたカイゼンに着手していない場合が多い．しかし，典型的な管理クレームである"納期遅れ，数量間違いや品種間違いなど"に関する"悪い情報"を中心に，企業の"部門型管理システム"運用のムリ・ムダ・ムラの直接的なカイゼンの機会として取り上げるべきである．早期に"管理クレーム"を"企業のシステム・カイゼンの宝の山"として取り上げるべきである（本書の第 8 章を参照）．

　部門ベースであろうとなかろうと最優先すべきは，"〈内部〉お客様側の不満足"の情報を大小の区別なく顕在化させて，ISO 9001 の本質を活かしてシステム・カイゼンに着手することである．"〈内部/外部〉お客様の不満足"の情報はすべて"宝の山"として，カイゼンを促進できるようにリーダー（上司）の"マインドの質"レベルを高める必要がある．第 9 章では，"〈内部/外部〉お客様の不満足"を含む"ビジネス（品質）の不都合な結果"などの事例を取り上げて，ISO 9001 の適切な条項を使った原因分析，課題抽出などの例を具

体的に述べる．

ポイント⑧
〈内部〉お客様の満足なくして，〈外部〉お客様の満足なし

　どの企業も〈外部〉にお客様が存在し，そのお客様によって企業が成り立っていることは，よく理解している．ここで冷静に，最終製品を実現する企業内部の足元を見つめてみる必要がある．図7.2に示すように，〈外部〉のお客様から注文を受けて，企業内部ではリレー競技のように，それぞれの"プロセス"の結果が，実線で結ばれた順番にそれぞれ付加価値をつけながら引き渡されているはずである．すべての"プロセス"の結果を集大成したものが"最終製品"として〈外部〉のお客様に引き渡されているはずである．

つながりや相互関係を見えるようにする
　企業内部で"プロセス"の結果を受け取る側に迷惑をかけると，〈内部〉のお客様側は不満足になり，ひいては〈外部〉お客様に迷惑をかける，又は不満足を与えることになるのは，容易に理解できる．企業内部から外部までの，この一連の"プロセス"の"つながりや相互関係"のことを一般的にはサプライチェーンあるいはバリューチェーンともいっている．
　リーダーは，企業内部でもこのチェーンが存在することを認識し，"ビジネスプロセス・フローチャート"などで，目で見えるように顕在化させることである．歴史のある企業であればあるほど，企業内部の"つながりや相互関係"が複雑かつ不透明で，"〈内部〉のお客様は誰なのか？"不明な場合が多い．ISO 9000の"品質マネジメントの原則"([1])の最初の文節で，"体系的で透明性のある方法"を使うことを提言している．なぜなら，"〈内部〉お客様側"と"〈内部〉供給者側"の関係は，企業のシステム全体を通じて"目で見える形で，常に真っ先に明確にすべきもの"だからである．

　　注([1])　ISO 9000の0.2章"品質マネジメントの原則"

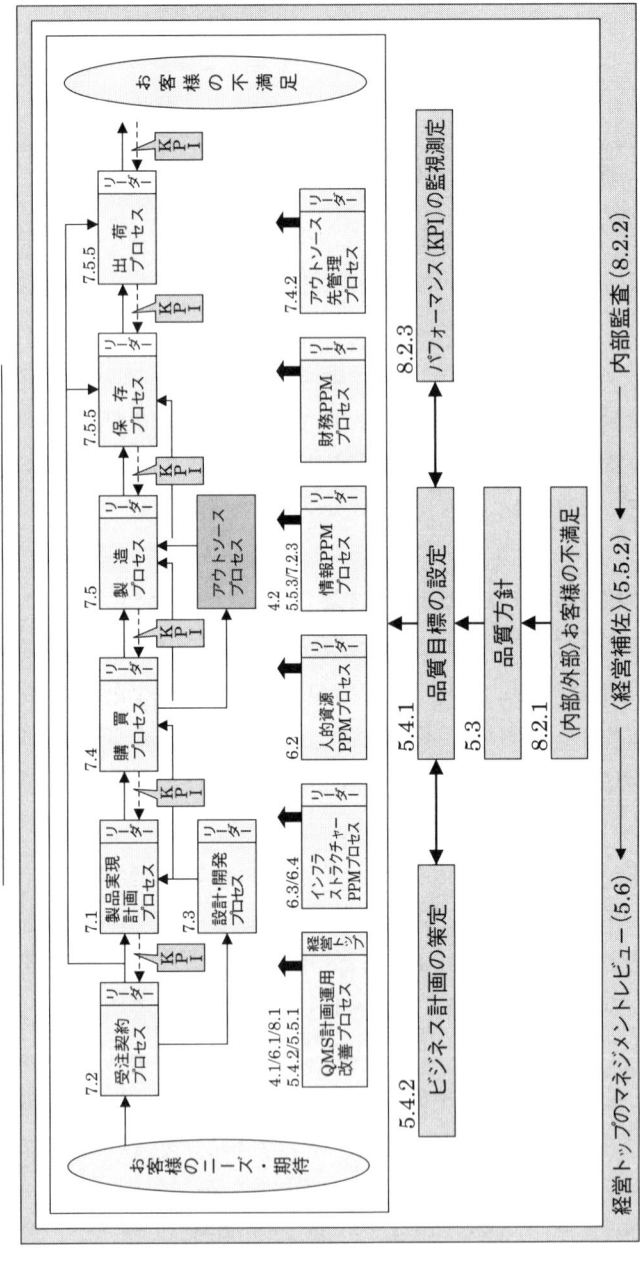

図 7.2 企業のプロセス型マネジメントシステムの例

注 PPM とは、Plan, Provide, Maintain の略。

"組織をうまく導き，運営するには，体系的で透明性のある方法によって指揮及び管理することが必要である．すべての利害関係者のニーズに取り組むとともに，パフォーマンスを継続的に改善するように設計されたマネジメントシステムを実行し，維持することで成功を納めることができる．（後略）"
補足すると，ISO 9004：2000 では，"体系的で透明性のある方法" の部分は "体系的で目で見える方法" となっている．

"体系的で目で見える方法" とは，企業の一連の "プロセス" の "つながりや相互関係" の流れ図（フローチャート）をシステムとして，描くことである．図 7.2 に "プロセスアプローチ" に基づく，企業の "プロセス型マネジメントシステム" の典型的なモデル図を示す．矢印の先端が，〈内部/外部〉お客様側である．図 7.2 には，すべての "プロセス・リーダー" の明記及び ISO 9001 の関連する条項をマッピングした．この "結びつけ" も，ISO 9001 を使っている証(あかし)として重要である．目で見える方法で，企業内部のすべての "プロセス・リーダー" の位置づけを明確にすることもポイントである．位置づけが明確になった "プロセス・リーダー" の "マインドの質" レベルを高めておく必要がある．"従業員の満足なくして，お客様の満足なし" という一般的な言葉から，筆者がアレンジした "〈内部〉お客様の満足なくして，〈外部〉お客様の満足なし" という認識に高めておくことである．

プロセス間のお客様は

現状が，〈内部〉お客様側を明確にせず ISO 9001 を導入し，"〈内部/外部〉お客様の満足の向上" が達成できていない企業が実に多いものである．"〈内部/外部〉お客様の不満足" を含む "ビジネス（品質）の不都合な結果" のカイゼンにあたっては，企業の〈内部〉にもお客様がいるという現実をよく理解することである．この図 7.2 を通じて，経営トップを含むすべての人々が，〈外部〉のお客様の要望を満たすために，直接的，間接的に貢献していることの "マインドの質" レベルを向上させてほしい．

中間の"プロセス・リーダー"は，一人で，お客様側と供給者側の二つの立場になり得るので，"パートナーシップ（共働力）"と"リレーションシップ（協力力）"の"マインドの質"レベルのカイゼンを図ることも大切である．

経営トップも"'〈内部/外部〉お客様の不満足'は，カイゼンできたのか？"を中心に，ISO 9001 の 5.6 節"マネジメントレビュー"を有効活用して実行することが重要である．この実行こそが，"〈内部/外部〉お客様重視"の ISO 9001 の本質である．ポイントは"プロセス"間でお客様側にフォーカスして，リスク（トラブル/不満足）のマネジメントを実行することである．このことに，リーダー（上司）が早く気づくことである．同時に"オーナーシップ（当事者意識力）"の"マインドの質"レベルも向上させることが重要である．

"〈内部/外部〉お客様側の不満足"の情報を真摯に受けとめ，"プロセス・リーダー"自身が，まず"どの条項の活動のマネジメントを，正しく実行していなかったのか（弱かったのか）？"などを，ISO 9001 に基づき反省しカイゼンする習慣を培うことである．

〈内部〉お客様も利害関係者

ISO 9000 の 0.2 節"品質マネジメントの原則"の二つ目の文節には，"すべての利害関係者のニーズに取り組むとともに，パフォーマンスを継続的に改善するように設計されたマネジメントシステムを実行し，維持することで成功を納めることができる"とある．補足するとこのポイントは，すべての利害関係者のニーズに取り組むことである．この利害関係者の一員には〈内部〉お客様が入っている．ISO 9001 の 5.5.3 項"内部コミュニケーション"を大いに実行して，"〈内部〉お客様側の不満足"をカイゼンすることを最優先することである．そのためには，"プロセス"間で，測定尺度である品質パフォーマンス指標（KPI：Key Performance Index）と不満足のカイゼンのための 5.4.1 項"品質目標"を決定することである（図 7.2 参照）．

部門ベースであっても，最大の効果は得られないかもしれないが"組織図"などを活用するべきである．主要な部門の"つながりや相互関係"を線で結び，

第7章 "マインドの質"についての10のポイント　　　89

製品，情報及び仕事の流れに従って，部門間でどちらが〈内部〉お客様側かを特定することである．また，部門ベースであっても ISO 9001 の適切な条項を活用することで，"〈内部〉お客様側の不満足（8.2.1項 "顧客満足" 参照）"の情報を顕在化させることである．そして，"プロセス"ベースと同様に，部門間で数値化した"品質のカイゼン目標（5.4.1項 "品質目標" 参照）"を設定することである．

　その後は，部門間で運用した結果を〈内部〉お客様側が，"測定（8.2.3項 "プロセスの監視及び測定" 参照）"して，当該部門へフィードバックして，当該部門がグラフ化し"データの分析（8.4節 "データの分析" 参照）"を行い，当該部門が"カイゼン（8.5.2項 "是正処置"/8.5.3項 "予防処置" 参照）"を実行することである（本書の第11章の図11.5を参照）．

ポイント⑨
後始末より，前始末を考える

　企業のビジネスのトラブルが発生した後の解決，すなわち後始末（是正処置）では，莫大な費用が発生するのが一般的である．そのビジネスのトラブルの発生を未然に防止する前始末（予防処置）ができれば，後始末の費用は大幅に削減できる．

予 防 処 置

　ISO 9001 は，"〈内部／外部〉お客様重視"で企業のビジネス（品質）のリスク（トラブル／不満足）をあらかじめ分析（前始末）しておくことを要求している［8.4節のc）参照］．つまり，"〈内部／外部〉お客様の不満足"を含む"ビジネス（品質）の不都合な結果"の発生を，未然に防止（予防）することが求められているのである．リーダー（上司）はこの ISO 9001 の本質を大いに学習し，早急に企業のビジネス（品質）のリスク（トラブル／不満足）をマネジメントする能力を向上させるべきである．

ビジネスのリスク（トラブル / 不満足）のマネジメント能力を高めるには，"利害関係者重視"で作成された，三つのマネジメントシステム規格を大いに学習することである．ISO 9001 の 8.4 節の c) では，"予防処置の機会を得ることを含む，プロセス及び製品の，特性及び傾向"に"関連する情報を提供しなければならない"と要求されている．補足すると，"適切な品質目標の入った，品質パフォーマンスのトレンドグラフを描けば，傾向と特性が見え，予防の機会が得ることができる"という本質をリーダー（上司）は学ぶことである．

　三つのマネジメントシステム規格を理解して活用できる土台作りをした後で，ISO 26000 などを適用するのがよい．品質は〈内部 / 外部〉のお客様と供給者に，環境は地域社会に，安全は従業員に，リーダー（上司）があらかじめ不満足に関してインタビューを実施するとよい．それぞれの不満足の結果について，三つのマネジメントシステム規格を活用して，反省しカイゼンする"マインドの質"レベルの向上を図れば前始末につながる．言い換えればリーダーが，企業の"利害関係者の不満足"を含む"ビジネスの不都合な結果"をすばやく吸い上げて，すばやく反省しカイゼンしていけば，前始末につながる（図 7.1 を参照）．このように ISO 9001 は"〈内部〉お客様の不満足"を前始末しておくと，"〈外部〉お客様の不満足"を未然に防止（予防）できることにつながると理解し，活用するとよい．

トレンドグラフを貼り出す

　前始末（予防処置）は，予防の機会を得ることが可能な"目標の入ったパフォーマンスのトレンドグラフ"を描くことがベストプラクティス（最良の実務）であることは少し触れた．もう少し付け加えると，企業の現場を中心としたあらゆる場所に，"システム"，"プロセス"や"活動"のレベルに応じた，ビジネスの結果に関するトレンドグラフを掲示することである．注意すべきは，図 7.3 に示すような誰にでもわかるシンプルなトレンドグラフを描くことである．

　"'〈内部 / 外部〉お客様の不満足'をカイゼンするための，適切な品質のカイゼン目標が入った，品質パフォーマンス（結果）のトレンドグラフ"を最優

第7章 "マインドの質"についての10のポイント

目標(値)の入ったパフォーマンスのトレンドグラフの分析

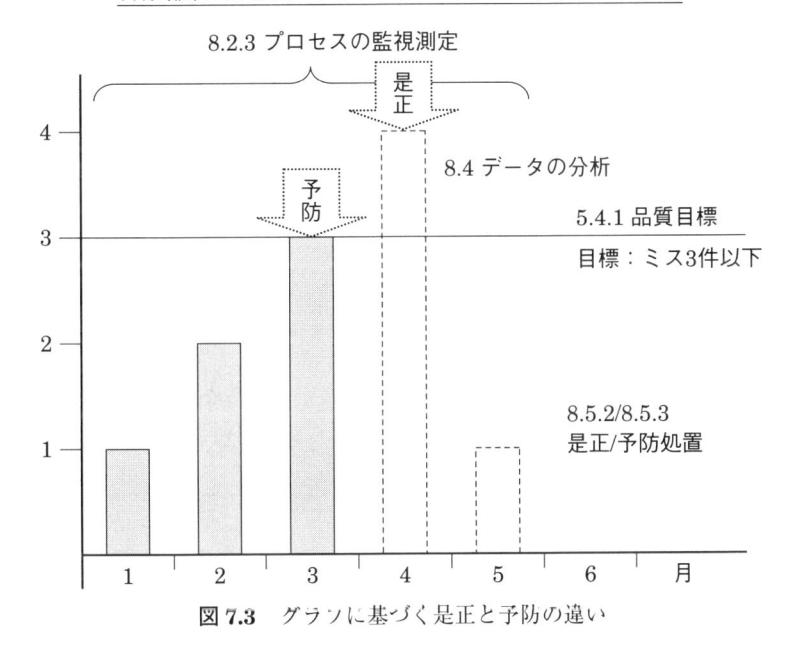

(グラフ: 8.2.3 プロセスの監視測定／是正／予防／8.4 データの分析／5.4.1 品質目標 目標：ミス3件以下／8.5.2/8.5.3 是正/予防処置)

図 **7.3** グラフに基づく是正と予防の違い

先で現場に貼り出し，"当該プロセス・リーダー"の責任のもと，全員参加でその傾向と特性を定常的に分析し，目標を逸脱する前にカイゼン（予防処置）を実行するのである．

このトレンドのグラフを貼り出しておくと，日常がリーダー（上司）を含む全員参加での検証となる．したがって，内部監査や外部審査が多すぎると悩んでいる監査/審査の数や費用を，少なくすることも可能である．企業のリーダーが ISO 9001 の本質を理解し活用できるようになれば，外部認証の役目は終わり，自己認証でもよいはずである．

部門ベースであっても，"'〈内部/外部〉お客様側の不満足'のカイゼンの実行をするグラフ"であれば，本質は同じである．このトレンドグラフの傾向と特性を全員で日常，よく観察しておけば，前始末は容易になるはずである．

"品質マネジメントの8原則"の一つである**"意思決定への事実に基づくア**

プローチ"：ISO 9000 の 0.2 節の g) は，"効果的な意思決定は，データ及び情報の分析に基づいている"ことと定義している．補足すると，効果的とは，有効性と同じなので，落ち度の少ないことや抜かりの少ないことと理解するとよい．企業のシステム・カイゼンでは，難しいグラフは必要ない．誰でもわかる単純なグラフが，最適（ベストプラクティス）である．

トラブル予知能力の養成

10年以上にわたり企業が安定している時期に育ったリーダー（上司）は，失敗や事故に出会った経験が少ない場合が多い．今後，発生するであろう事故などのトラブルの予知（前始末）能力のレベルが，低くなっている可能性がある．その結果，不祥事などのトラブルが発生したとき，エンドユーザーや消費者に迷惑をかけ，自企業を倒産にまで至らしめた例がある．こうならないようリーダーのトラブルの予知能力を高める必要がある．

そのためには"〈内部/外部〉お客様重視"というリスク（トラブル/不満足）のマネジメントに言及した ISO 9001 をもって，現場をよく歩きまわることである．三現（現場・現実・現物）主義で"〈内部〉お客様の不満足"を含む"ビジネス（品質）の不都合な結果"の情報を収集し，ISO 9001 の適切な条項の箇所に記録するのである．記録した箇所の適切な条項とともに，経営トップまで報告する訓練をすることを習慣づけるとよい（本書の第10章を参照）．

その他の学習法としては，品質月報などですでに顕在化している"管理クレーム"に関して，リーダー（上司）が集まって ISO 9001 の条項と結びつけて，その原因を自己分析する学習から入ることもおすすめである（本書の第8章及び第9章を参照）．

設計・開発領域の責任

企業の"部門型管理システム"では部門間に障壁があり，部門同士の"つながりや相互関係"がよくないこと又はわかりにくいことは述べた．製造業で不祥事が発生したときの責任の追及で忘れてはならないのは，経営層や品質保証

第7章 "マインドの質"についての10のポイント

部門だけではない．前始末に最も責任がある設計・開発領域も対象である．決して設計・開発領域を責任追及の対象から除外してはならない．企業のすべての部門間の"つながりや相互関係"を明確にわかるようにカイゼンすることが，前始末につながるのである．

いまだに，設計・開発領域や営業部門などを外してISOの認証取得の範囲を自ら細切れにしている企業が数多くある．これでは企業のすべての部門間の"つながりや相互関係"にフォーカスできない．これは，前始末を自から放棄していることになるのではないだろうか．ISO 9001の本質は，海外をも含むサプライチェーン上での"つながりや相互関係"まで適用できるのである．

緊急事態のための前始末

ISO 9001から学ぶべき前始末の事項として，8.3節のd)に"引渡し後又は使用開始後に不適合製品が検出された場合には，その不適合による影響又は起こり得る影響に対して適切な処置をとる"などの方法で，"不適合製品を処理しなければならない"とある．

補足すると，"緊急事態が発生したときの，事前の準備（訓練）と対応"である．ISO 14001及びOHSAS 18001には4.4.7項"緊急事態の準備及び対応"がある．巻末資料の表1を見ると，ISO 9001の8.3節"不適合製品の管理"は，ISO 14001やOHSA 18001では4.4.7項"緊急事態の準備及び対応"と同等に扱われていることがわかる．三つのマネジメントシステム規格を並行して学習すると，"あらかじめ経営層を含め，誰が被害者に，誰がマスコミに，誰が規制当局などに対応するのかの準備と訓練をしておく必要性が理解できる．緊急事態が発生したとき，いかにスピーディーに適切な処置をするかによって，企業に対する利害関係者の'信頼の程度'は，左右される"と理解できる．

すなわち，緊急事態が発生した後の後始末での"管理を強化する"だけでは，利害関係者の信頼性を確保できない時代である．経営層があらかじめ準備と訓練をしておき，いかにスピーディーに説明責任を果たすかである．技術は優れていても，T自動車におけるリコール対応のスピードの遅さに関するシステム

（仕組み）上の問題が，典型的な一つの例である．

環境リスクの前始末

視点は変わるが，地球すなわち人類に対する企業の社会的な責任（道義）として前始末を考える21世紀を迎えている．環境問題に関係する，売れる製品だけではなく，売れない副産物（廃棄物など）の処理コストにもフォーカスする必要がある．リーダー（上司）は"原材料及び副資材の流れはお金の流れ，かつ，捨てられるモノにもお金がかかる時代"と認識し，あらかじめ対策を講じなければならない．マテリアル・フロー・コスト会計（環境会計）を導入してトータルコストを計算しなおし，企業のビジネス（環境）の持続可能な成功のために企業の"負の遺産"にならないようにしていくことが，前始末として大切である（このことが環境経営といわれている）．

リーダーは，企業の社会的な責任（道義）を説明する場合，"ゆりかごから墓場まで責任がある"というような，誰でもわかる言葉を使う必要がある．企業で働く人々，企業のために働く人々やビジネスパートナーに対して言って聞かせる必要があるからである．これらの人々の認識（自覚）を高めておけば，環境に関する悪い情報が顕在化しやすくなり，前始末につながることをISO 14001から学び実行することが重要である．地球に優しい製品の設計・開発段階から，サプライチェーン上の消費や廃棄に至るまで，企業の社会的な責任を認識させておく必要がある．ビジネス（環境）のリスク（トラブル/不満足）のマネジメントを実行するためには，リーダー（上司）自身が，"（地域）社会重視"のISO 14001の本質を十分に学習しておくこと．"何を言って聞かせればよいのか？"（ISO 14001の4.4.2項"力量，教育訓練及び自覚"参照）を理解し活用することである．

今の時代は，挨拶一つにしてもリーダー（上司）から声をかけないと，人々（部下）から挨拶をするのは，まれな時代となった．リーダー（上司）が，三つのマネジメントシステム規格に学び，積極的に"言って聞かせる"ための"マ

インドの質"レベルを高めておく必要がある．これを怠ると，前始末は達成できそうにない．

ポイント⑩
"ISO 9001 を使ったカイゼン"が主導できる

　企業のシステム運用のムリ・ムダ・ムラのカイゼンで重要なのは，根本的な原因分析の手法の確立である．原因分析の典型的な手法が，QCの"特性要因図"である．企業のシステム運用のムリ・ムダ・ムラのカイゼンには，図7.4に示す"製品品質の特性要因図"ではなく，第5章の"ISO 9001の特性要因図（図5.2参照）"を使うことである．図7.4は，製品品質に影響を及ぼしたと思われる五つのM（マン，メッソド，メジャー，マシン，マテリアル）に関して原因分析を実行するイメージの図である．図5.2は，企業のシステムを運用し，"〈内部/外部〉お客様の不満足"を含む"ビジネス（品質）の不都合な結果"に影響を及ぼしたと思われる，ISO 9001の要因（条項）を使って原因分析するイメージの図である．

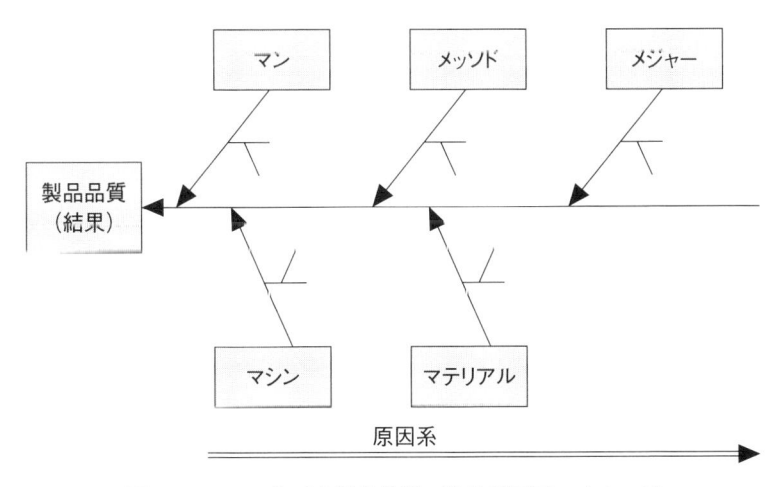

図 7.4　5Mに基づく製品品質の特性要因図のイメージ

カイゼンを主導するリーダー

　ISO 9001 を導入している企業でも，手順書（マニュアル）などで仕事の標準化をすることだけの場合が多い．"手順書どおりに，仕事を正しく実行しているか？"のチェックにより"違反情報"を取り上げ，担当者レベルの狭い範囲の原因の分析とカイゼンにとどまってしまっている．これは，"製品品質の特性要因図（図 7.4 参照）"レベルの原因の分析に，陥ってしまっているといっても過言ではない．このカイゼンの成果は，"担当者を教育する"，"チェックのチェックを増やす"，"手順書を作成する / 修正する"及び"（安易に）設備投資する"などというレベルである．"部課長（≒プロセス・リーダー）"クラスの反省が少なく，責任他人論的な，応急処置レベルのカイゼンにとどまってしまっているといっても過言ではない．

　この原因の一つとしては，ISO 9001 そのものを使った，企業のシステムのムリ・ムダ・ムラのカイゼンを主導できるリーダー（上司）が，不在だからである．実際のシステム・カイゼンの実行にあたっては，"〈内部 / 外部〉お客様の不満足"を含む"ビジネス（品質）の不都合な結果"にフォーカスすることである．この"ビジネス（品質）の不都合な結果"を取り上げて，ISO 9001 の適切な条項を使って根本的な原因分析を実行し，リーダー自ら反省しカイゼンすることを理解したリーダー（上司）を養成することがポイントである．

　"ISO 9001 の何にフォーカスして根本的な原因を分析し，カイゼンを実行するべきか？"に関してリーダー（上司）が理解するには，実は図 5.2 に示したような"ISO 9001 の特性要因図"では実行するには非効率である．ISO 9001 の 4.1 節"一般要求事項"から 8.5 節"改善"まで，配列順にすべての条項を逐次追跡して分析するのでは効率が悪い．

　そこでリーダー（上司）は，筆者が ISO 9001 を並べ替えた図 6.2，すなわち次の第 8 章の図 8.1 を大いに使って ISO 9001 の本質を学び，次に ISO 14001 や OHSAS 18001 も条項を並べ替えて本質をまず理解するとよい（図 6.3 参照）．そして，リーダー（上司）はこの図 8.1 に基づき，"ISO 9001 を使ったカイゼン"の主導と，人々（部下）にも ISO 9001 の本質をわかりやすく伝

道/解説できるようになることを目指すとよい．

現状が部門ベースの取組みであっても，図8.1の"各プロセス・リーダー"を部課長クラスに置き換えて活用できる．"部課長（上司）としての自分は，責任を果たしていたか？"を，ISO 9001の5.5.1項"責任及び権限"と6.2.2項"力量，教育・訓練及び認識"などの適切な条項を読み直してみることである．

ISO 9001の適切な条項に関して，リーダー（上司）が"実行の程度"を自己反省しカイゼンするための，トップダウンによる環境づくりが重要である（巻末資料の表3を参照）．

三つのマネジメントシステム規格

カイゼン方法の主導ができるリーダー（上司）の"マインドの質"レベルを高めるためには，"利害関係者重視"で作成された，三つのマネジメントシステム規格の本質を早く学習することである．学習にあたっては，必ず利害関係者の立場に立つことである．"どんな条項にフォーカスして説明/遂行責任を果たせば，"利害関係者の信頼又は満足の程度"を向上させることができるのか？"を，心がけながら学習することが肝要である．三つのマネジメントシステム規格の本質を理解した証として，ISO 9001は図6.2と図8.1，ISO 14001は図6.3，同じようにOHSAS 18001も主要条項を並べ替えて自作しておくことである．これらの図を使えば三つのマネジメントシステム規格のポイントをよく理解することができる．

実行面では，リーダー（上司）が会議などあらゆる場面で，三つのマネジメントシステム規格を常時，使うことを率先垂範することがポイントである．リーダーは，企業のシステム・カイゼンのための原因分析のとき及びISO内部監査のときも，忘れずに三つのマネジメントシステム規格を同時に使用することもポイントである．

第8章　ISO 9001 を使った，リーダーによる"部門型管理システム"運用のムリ・ムダ・ムラのカイゼンの極意

　ISO 9001 は 2000 年版（第 3 版）を発行したとき，企業の"ビジネス（品質）のパフォーマンス（結果）の継続的なカイゼン"まで言及した大改正がなされた．この結果，図 5.2 の"ISO 9001 の特性要因図"に示したように，企業のシステムの要素として必要かつ最低限のプロセスや活動が，〈内部/外部〉お客様の立場で体系的に整理された．企業のシステムを運用した結果，すなわち"〈内部/外部〉お客様の不満足"を含む"ビジネス（品質）の不都合な結果"に着目して，企業のシステムの根本的な原因の分析ができるようになったことは，第 5 章で触れた．また，"〈内部/外部〉お客様の不満足"を含む"ビジネス（品質）の不都合な結果"，"各プロセス（≒部門）"，"各プロセス・リーダー（≒部課長）"及び"経営トップのコミットメント"の四つの視点で ISO 9001 の主要条項を並べ替えた図 6.2 は第 6 章で触れた．

　企業の"部門型管理システム"運用のムリ・ムダ・ムラのカイゼンの極意は，ISO 9001 の適切な条項を大いに使って根本的な原因を分析することである．そのイメージを強調した図 8.1 を，改めて示す（内側の原因分析の矢印に注目）．

根本的な原因の分析

　近年，企業の道義すなわち社会的，環境的及び経済的な責任力が，企業に対してますます問われるようになってきた．部門ベースのカイゼンへの取組みのままであっても，この図 8.1 を大いに使うべきである．企業の"部門型管理システム"運用のムリ・ムダ・ムラの根本的な原因を分析することが必要かつ不可欠だからである．図 8.1 に示すように，"各プロセス・リーダー（≒部課長）"を中心とする責任力に関する原因（80％）の分析ができていないため，"是正/予防処置の大半が失敗に終わっている"といえる．

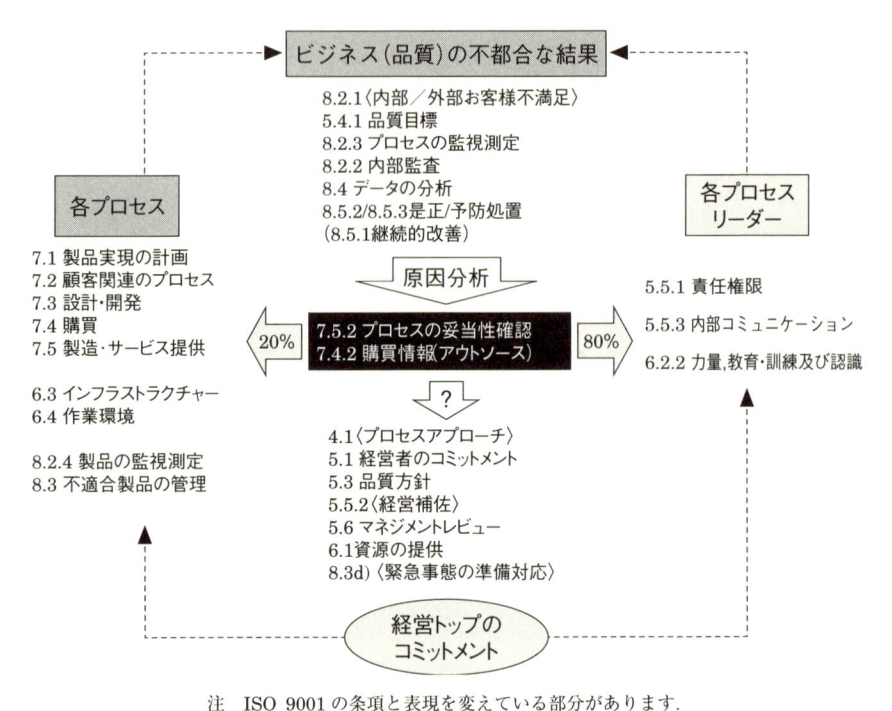

```
                    ┌─────────────────────────────┐
        ┌──────────►│ ビジネス(品質)の不都合な結果 │◄──────────┐
        │           └─────────────────────────────┘            │
        │             8.2.1⟨内部／外部お客様不満足⟩              │
        │             5.4.1 品質目標                            │
        │             8.2.3 プロセスの監視測定                  │
        │             8.2.2 内部監査                            │
 ┌──────────┐         8.4 データの分析                    ┌──────────┐
 │ 各プロセス│         8.5.2/8.5.3 是正/予防処置           │各プロセス│
 └──────────┘         (8.5.1 継続的改善)                  │ リーダー │
 7.1 製品実現の計画                                       └──────────┘
 7.2 顧客関連のプロセス    ┌─原因分析─┐       5.5.1 責任権限
 7.3 設計・開発            ▼          ▼       5.5.2 内部コミュニケーション
 7.4 購買          ┌──────────────────────┐   6.2.2 力量,教育・訓練及び認識
 7.5 製造・サービス提供 20%│7.5.2 プロセスの妥当性確認│ 80%
                   │7.4.2 購買情報(アウトソース)│
 6.3 インフラストラクチャー └──────────────────────┘
 6.4 作業環境                    ?
 8.2.4 製品の監視測定      4.1⟨プロセスアプローチ⟩
 8.3 不適合製品の管理      5.1 経営者のコミットメント
                          5.3 品質方針
                          5.5.2⟨経営補佐⟩
                          5.6 マネジメントレビュー
                          6.1 資源の提供
                          8.3d)⟨緊急事態の準備対応⟩
        │                    ┌──────────┐                     │
        └────────────────────│経営トップの│─────────────────────┘
                             │コミットメント│
                             └──────────┘
```

注 ISO 9001 の条項と表現を変えている部分があります．

図 8.1 ISO 9001 を使った企業のシステムの原因分析

　一つの例として，ISO の認証取得をしていても不祥事を起こしている企業の問題がいろいろな業界で多発している．三つのマネジメントシステム規格の中心である ISO 9001 を効果的に活用できていないために，企業のシステムの根本的な原因の分析が失敗しているといっても過言ではない．不祥事を起こした企業のテレビ報道などを見て，"経営トップをはじめとするリーダーが，責任逃れをしているのではないか？"と感じている方も多いのではないだろうか．

　ここで，図 8.1 をさらに使いやすくするために，

　【"各プロセス"＋"各プロセス・リーダー"】

　＋【"経営トップのコミットメント"】

＝【"⟨内部／外部⟩お客様の不満足"を含む"ビジネス（品質）の不都合な結果"】

第8章 "部門型管理システム"運用のムリ・ムダ・ムラのカイゼンの極意　101

の式が成り立つ図8.1を，企業のシステム全体での原因分析をしやすくするために，

　【"当該プロセス"＋"当該プロセス・リーダー"】
　＋【"経営プロセスを含む，その他のプロセスとリーダー"】
　＝【"〈内部／外部〉お客様の不満足"を含む"ビジネス（品質）の不都合な結果"】

の式が成り立つ図5.3に戻り，ISO 9001のポイント条項を加え，改めて，"何の原因を分析し，カイゼンを実行するべきか？"の対象を明確にして，図8.2として示す．

　ISO 9001を使用した根本的な原因の分析のエッセンスは，図8.1の中心に示したように，企業の内部では7.5.2項"製造及びサービス提供に関するプロセスの妥当性確認"を有効に活用することである．そして，アウトソース先は7.4.2項"購買情報"を使って，アウトソース先の"プロセス"の妥当性を確認することである．したがって，図8.2においては，"その他の，プロセスとリーダーの'マインドの質'レベルのカイゼン"のメイン条項として加えた．

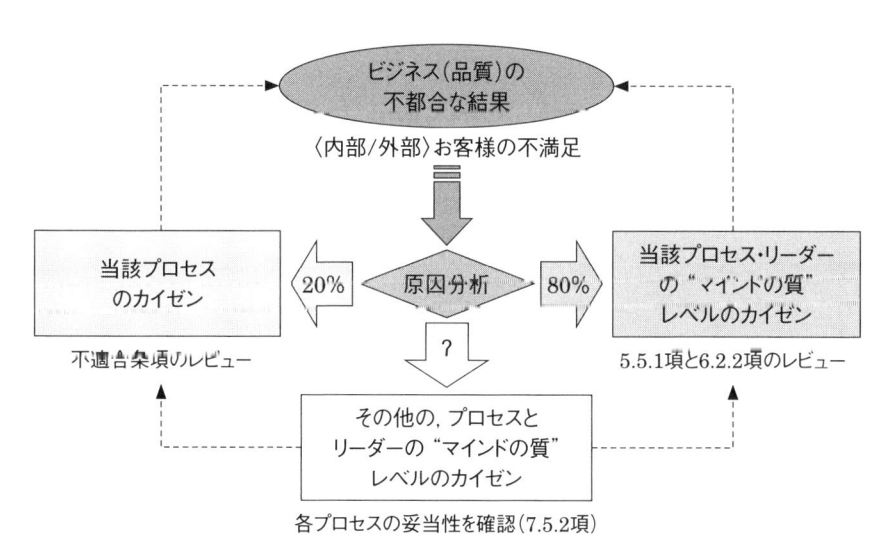

図 8.2　何の原因を分析し，カイゼンを実行するべきか？

この妥当性確認でポイントになるのは，ISO 9001の7.5.2項のb）である．7.5.2項のb）には"設備の承認及び要員の適格性確認"を"含んだ手続きを確立しなければならない"と求めている．補足すると，"プロセス・リーダー"を含む要（かなめ）となる人の適格性を確認する手続きの仕組みが必要である．図8.2のポイントを解説する．

　"当該プロセス・リーダー"は，当然のこととして5.5.1項"責任及び権限"と6.2.2項"力量，教育・訓練及び認識"の責任力の条項を中心に自己レビューすることである．

　その他の"プロセス・リーダー"は，7.5.2項のb）を中心にレビュー（CA）しなければならない．忘れてはならないのは，"日常，プロセスの結果のマネジメントを正しく実行していたか？"［7.5.2項のa）（[1]）参照］並びに"お客様側と取り決めた品質のカイゼン目標を達成し，不満足を与えていなかったか？"［7.5.2項のa）（[1]）参照］に関して自己レビュー（CA）することである．

　　注（[1]）　7.5.2項のa）には，"プロセスのレビュー及び承認のための明確な基準"
　　　　を"含んだ手続きを確立しなければならない"と求めている．補足すると
　　　　基準とは，お客様側と取り決めた目標である．

管理的な要因を重点的にレビューする

　参考までに，ISO 9000の3.8.5項"妥当性確認"は，"客観的証拠を提示することによって，特定の意図された用途又は適用に関する要求事項が満たされていることを確認すること"と定義している．補足すると，〈内部／外部〉お客様側が確認するという意味を含んでいる．したがって〈内部／外部〉お客様の立場で作成されたISO 9001の適切な条項を使って，それぞれレビュー（CA）することと理解するのがよい．

　企業のシステム運用で，発生している又は発生する可能性のある"〈内部／外部〉お客様の不満足"を含む"ビジネス（品質）の不都合な結果"の大半は，"技術的な要因"より，人的トラブルにかかわる"管理的な要因"にかかわる割合が多い．しかし，ほとんどの"プロセス・リーダー（≒部課長）"は，人

第8章 "部門型管理システム"運用のムリ・ムダ・ムラのカイゼンの極意　103

的トラブルにかかわる"管理的な要因"を軽視し過ぎ，責任他人論になっている場合が実に多い．そういうときにこそ，〈内部/外部〉お客様の立場で作成された ISO 9001 の本質を活用することである．"各プロセス・リーダー（≒部課長）"がさらに一丸となって，"管理的な要因"を重視し，お客様の立場でレビュー（CA）を実行するように，経営層が働きかけることである．

　"プロセス"ベースで企業のシステムを構築している場合，準備するものとしては，

- **ISO 9001（対訳版）**
- プロセス型マネジメントシステムのフロー図：各プロセス・リーダーを明記し，企業のシステムを構成している一連のプロセスの"つながりや相互関係"を現したフローチャート（図 7.2 を参照）
- 当該プロセスのフロー図：活動の責任者たちと一連の活動に ISO 9001 の適切な条項を明記した，当該プロセスのフローチャート（図 11.2 や図 11.3 を参照）

である．

　部門ベースの場合は，フローチャートに代わり"組織図"などであるが，あらかじめ主要な部門間の"つながりや相互関係"と〈内部〉お客様側を，明らかにしておくことである（図 3.2 や図 11.5 を参照）．

　これらに基づき，経営補佐（5.5.2 項"管理責任者"参照）がコーディネーターになり，"当該プロセス・リーダー（≒部課長）"及び関連する"プロセス・リーダー（≒部課長）"を集めることがポイントになる．カイゼンに使う手法は，"ブレーンストーミング"である．"ブレーンストーミング"の原則には，参加者の意見はすべて正しいというルールがある．企業のシステム・カイゼンにおいても，"ブレーンストーミング"の原則を適用して，ISO 9001 に基づく意見はすべて正しいというルールを使うことである（図 8.3 参照）．"〈内部/外部〉お客様の不満足"を含む"ビジネス（品質）の不都合な結果"が発生したら又は発生する可能性があれば，関連する"プロセス・リーダー（≒部課長）"が集まり，一緒に根本的な原因分析を開始することである．

プロセス・リーダーたちのブレーンストーミング

図8.3 ISO 9001を使った，反省とカイゼンのイメージ

ISO 9001を使ったカイゼンの土俵作りをするには，原因分析の個所を強調した図8.1及び図8.2をガイドラインとして使うとよい．ISO 9001の適切な条項の詳細については，ISO 9001（対訳版）をよくレビュー（CA）することである．

プロセス・リーダー（≒部課長）たちの"ブレーンストーミング"による，ISO 9001の本質を活かした原因分析のポイント

① "〈内部/外部〉お客様の不満足"を含む"ビジネス（品質）の不都合な結果"について，"該当するISO 9001の適切な条項は，何か？"を特定すること（内部監査/外部審査では，適切な条項を特定している）．その条項に該当する"当該プロセス（≒部門）"の"何の/どこの仕組みが弱かったのか？"の原因の分析を，"当該プロセス・リーダー（≒部課長）"が，自己レビュー（CA）として実行することである【一般的には20%】．

② 同時に，"当該プロセス・リーダー（≒部課長）"としてISO 9001の5.5.1項"責任及び権限"と6.2.2項"力量，教育・訓練及び認識"の責任力の条項を中心に，"何の実行の程度が，弱かったのか？"の原因の分析を，自己レビュー（CA）として実行することである【一般的には80%】．

③ 図7.2に示したような"プロセス型マネジメントシステムのフロー図"

又は"組織図"を使うこと．"その他のプロセス・リーダー（≒部課長）"は，ISO 9001 の 7.5.2 項"製造及びサービス提供に関するプロセスの妥当性確認"を使うこと．"〈内部〉お客様側プロセス（≒部門）に，不満足を与えていなかったか？"を中心に原因の分析を，各自のレビューとして，一緒になって実行することである【図 8.2 に？マークで表示した割合であるが，一般的にはその他の"プロセス"の原因も 20%，その他の"プロセス・リーダー"の原因も 80% と理解してよい】．

ISO 9001 の適切な条項と事象を結びつけるポイント

これから，ISO 9001 の条項に慣れるために，発生している事象と適切な条項を結びつけるための例をイメージとして示す．この"結びつけ"を原因分析の起点にすることがポイントである．図 5.2 の"ISO 9001 の特性要因図"に示す関連する条項（要因）をさかのぼると，企業の"部門型管理システム"の"つながりや相互関係"が不透明であっても原因の追求が可能であるからである．ISO 9001 は，企業のシステムのモデルである．ISO 9001 の条項との"結びつけ"によって，従来は気づかなかった大小の"仕組み（プロセス／活動）"や"責任"にかかわる問題点が正式にクローズアップされることになる．この"結びつけ"に基づく気づきが，企業のシステム・カイゼンの起爆剤になるはずである．

図 8.4 には，"クレームの分類と ISO 9001 の結びつけ"として，"技術的側面"と"管理的側面"に分けて，ISO 9001 の適切な条項と結びつけ，原因の分析を開始するイメージを示す．技術的クレームに関しては，従来から営業や品質保証部門が窓口になり，重要又は重大クレームとして設計・開発領域や製造領域が製品に関する原因分析をして，十分に対応しているはずである．しかし企業のシステム・カイゼンには直接結びついていないのではないだろうか．技術的クレームであっても，ISO 9001 の 7.3 節"設計・開発"及び 7.5 節"製造及びサービス提供"に関連する条項をレビュー（CA）することがポイントである．

クレームの分類と ISO 9001 の結びつけ

```
                          ┌─ 7.5.1 (製造)      ┐
         技術的クレーム ──┤                     ├─ 7.5.2
                          └─ 7.3  (設計・開発)  ┘
クレーム
発生
                          ┌─ 企業内部
                          │   7.5.2
         企業のシステムの
         カイゼンの宝の山
         管理クレーム ────┤
                          │   7.4.2
                          └─ 企業外部
```

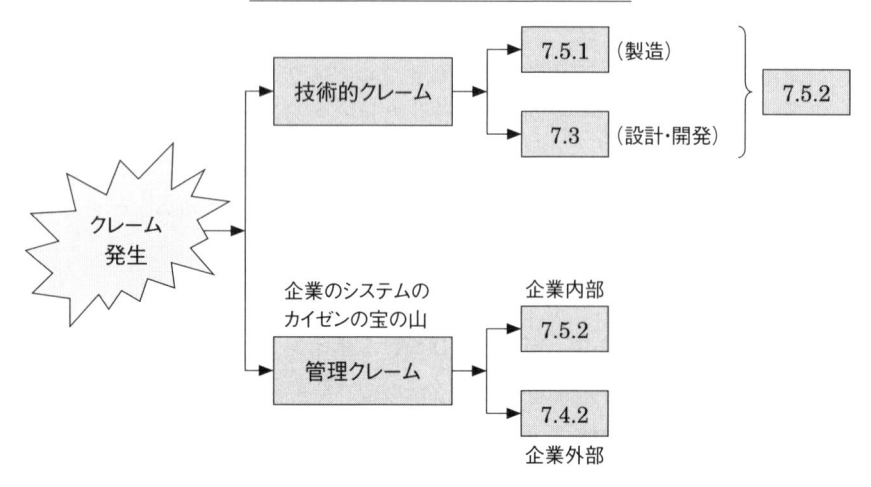

図 8.4　技術的側面と管理的側面に分類の例

"管理クレーム"と ISO 9001 の条項をつなげる基本

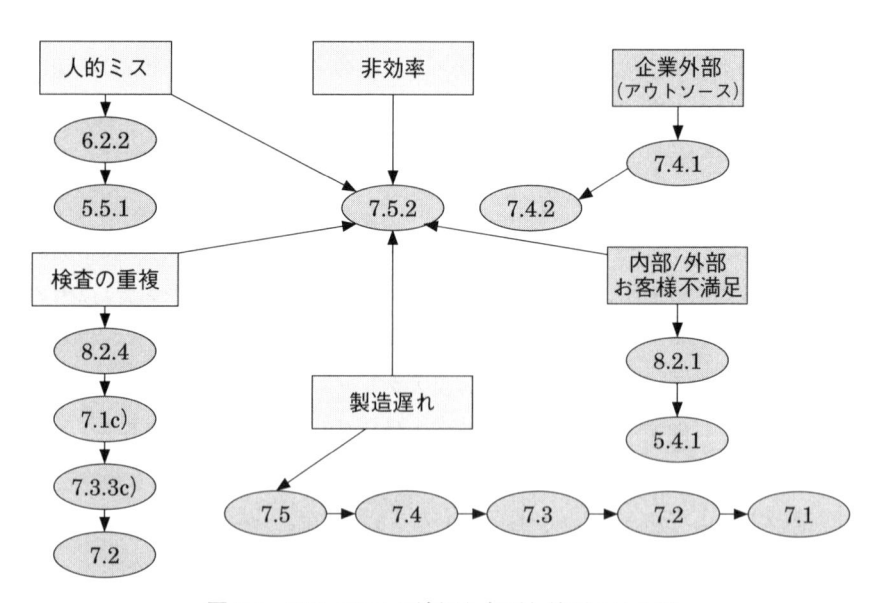

```
 人的ミス         非効率          企業外部
                                 (アウトソース)
  6.2.2                              7.4.1
  5.5.1          7.5.2    7.4.2

 検査の重複                        内部/外部
                                   お客様不満足
  8.2.4                              8.2.1
  7.1c)                              5.4.1
  7.3.3c)      製造遅れ
  7.2
              7.5 → 7.4 → 7.3 → 7.2 → 7.1
```

図 8.5　ISO 9001 の適切な条項と結びつける例

企業のシステム・カイゼンのよいスタートを切るためには，図 8.5 に示すように顕在化している"管理クレーム"の事象と，"ISO 9001 の適切な条項（活動）と結びつけて，それを起点にして関連する条項をたどる"イメージである．条項と結びつけることで，原因分析の開始ができる．ポイントは，

・結びつけた ISO 9001 の条項（仕組み：20%）
・責任力に関する条項（5.5.1 項"責任及び権限"と 6.2.2 項"力量,教育・訓練及び認識"：80%）

を"当該プロセス・リーダー"が，自己レビュー（CA）することである．

その他の"プロセス・リーダー"は，7.5.2 項"製造及びサービス提供に関するプロセスの妥当性確認"を使った，自己レビュー（CA）を一緒に実行することである．

納期に関するトラブルの分析

筆者が出会った例であるが図 8.6 に示すような"納期厳守"のためのトラブルが発生していた．その企業では高速道路料金の発生回数などを測定して，従来の原因分析で"製造遅れ"，"輸送業者の遅刻"や"出荷伝票の記入ミス"な

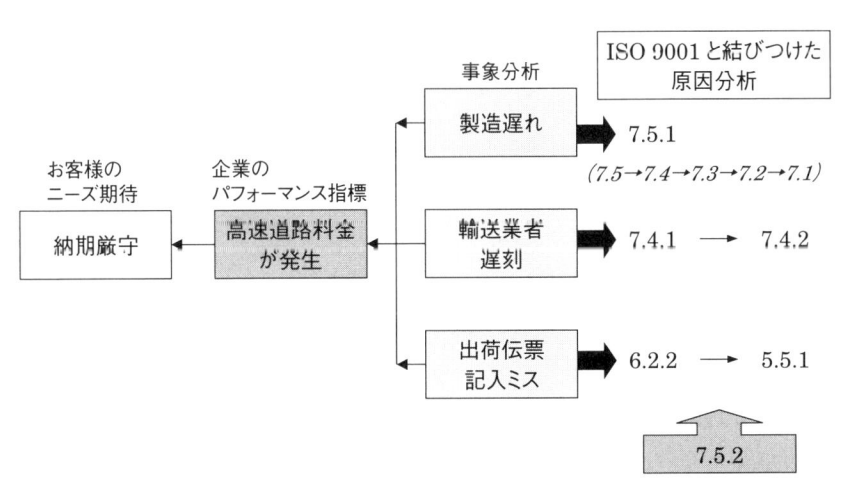

図 8.6 ISO 9001 の適切な条項を起点にした"管理クレーム"の原因分析の事例

どの事象の原因分析まではできていた．しかしこのカイゼンの実行では，当該の事象の応急処置レベルのカイゼンでとどまってしまっていた．

このような例は，企業のシステムの是正/予防処置の大半が失敗に終わっている例である．企業のシステムのカイゼンを成功へ導くためには，まずISO 9001 の適切な条項との"結びつけ"がポイントである．この条項を起点にして"当該プロセス・リーダー（≒部課長）"は言うに及ばず，関連する"プロセス・リーダー（≒部課長）"がレビュー（CA）に参加することが必要条件である．

解説すると，

- 当該の，"出荷輸送領域"では，"仕組み"の条項は 7.5.5 項"製品の保存"（20%），"責任"の条項は 5.5.1 項"責任及び権限"と 6.2.2 項"力量，教育・訓練及び認識"（80%）を起点にして，"当該プロセス・リーダー（≒部課長）"が"仕組み"と"責任"の自己レビュー（CA）することである．
- "輸送業者を選定している領域"では，"仕組み"の条項は，7.4 節"購買"，"製造領域"では"仕組み"の条項は 7.5 節"製造及びサービス提供"が起点になる．

さらに，企業のシステム全体の原因分析は，当該の"領域"だけにとどまらないのである．ISO 9001 の 7.5 節"製造及びサービス提供"〈製造領域〉を起点にすれば，

- 7.4 節"購買"〈購買領域〉
- 7.3 節"設計・開発"〈設計・開発領域〉
- 7.2 節"顧客関連のプロセス"〈受注契約の領域〉
- 7.1 節"製品実現"〈製品実現の計画領域〉

と，企業のシステム・モデルである ISO 9001 の条項番号を，逆順にさかのぼる必要性が理解できる．関連するその他の"領域"をさかのぼりながら，7.5.2 項"製造及びサービス提供のプロセスの妥当性確認"を大いに使って"各プロセス（≒部門）"の妥当性確認の実行をすることである．

この"各プロセス（≒部門）"の妥当性確認のポイントは，"〈内部〉お客様側プロセス（≒部門）に，不満足を与えていないか？"を確認することである[7.5.2項のa）参照].ISO 9001は企業のシステムを，"プロセス"ベースで構築している場合は，"プロセス"間の"つながりや相互関係"が明確になっているため，スムーズに関連する"プロセス"を適切に取り上げることができる．

しかし部門ベースの場合は，部門間の"つながりや相互関係"が不透明であるので難しい点はある．やっかいなのはISO 9001の必要な一連の活動が，当該部門以外で行われていることが多いので，その活動を行っている他の部門まで，レビュー（CA）を展開することを忘れないことである（巻末資料の表2を使って確認するとよい）．

原因分析の進め方

ISO 9001の主要条項に結びつけた原因分析の開始イメージを，もう少し図8.7から図8.10に表す．具体的なISO 9001の適切な条項を活用した，企業のシステム・カイゼンのための，原因分析の事例の詳細は，次の第9章で解説する．

図8.7は，企業内の"あるプロセスでトラブルが発生した時の原因分析のポイント"の例である．"当該プロセス"は当然のこととして，関連する"プロセス"と"プロセス・リーダー"にもフォーカスして，7.5.2項"製造及びサービス提供のプロセスの妥当性確認"を大いに活用するイメージを示した．ISO 9001の条項は大なり小なり図8.7に示すように相互につながっているともいえる．また，7.5.2項"製造及びサービス提供のプロセスの妥当性確認"はISO 9001のエッセンス条項でもある．

図8.8には"アウトソース先でのトラブルの原因分析のポイント"を示した．企業内でアウトソース先の能力評価を担当している領域では，7.4節"購買"に基づき反省し，カイゼンする必要がある．企業内のこの"プロセス"の妥当性確認では，7.5.2項"製造及びサービス提供のプロセスの妥当性確認"を使

うことである．アウトソース先の"プロセス"の妥当性確認では，企業が発行した7.4.2項"購買情報"を使用するのイメージを示した．

図8.9には，外部のお客様からのよくある"管理クレーム（納期遅れ，数量間違い，品種間違い，包装違いなど）"の"川下プロセスで発生したトラブルを起点とした原因分析のポイント"のイメージを示した．川下の"プロセス"から，上流の"プロセス"へさかのぼるイメージを示した．上流側の"プロセス"では，下流側（お客様）の"プロセス"に迷惑をかけていなかったか，7.5.2項"製造及びサービス提供のプロセスの妥当性確認"を使って反省しカイゼンする必要がある．企業のシステム・カイゼンでは，この例を早く体験してほしい．

"あるプロセスのトラブル発生"時の原因分析のポイント

管理クレーム

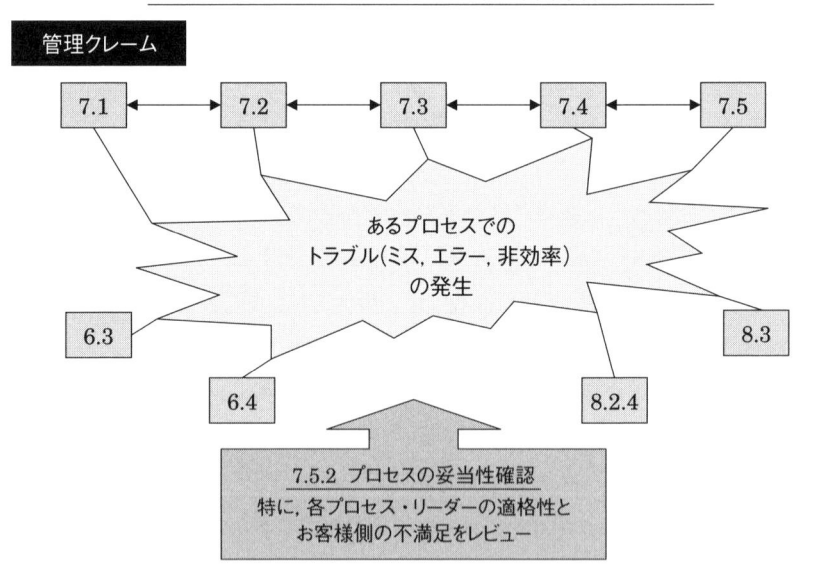

7.1　7.2　7.3　7.4　7.5

あるプロセスでの
トラブル(ミス，エラー，非効率)
の発生

6.3　　　　　　　　　　　　　　8.3

6.4　　　　　　　　　　　　8.2.4

7.5.2 プロセスの妥当性確認
特に，各プロセス・リーダーの適格性と
お客様側の不満足をレビュー

図8.7　"各プロセス"と"各プロセス・リーダー"をレビューする例

第8章 "部門型管理システム"運用のムリ・ムダ・ムラのカイゼンの極意　111

"アウトソース先のトラブル"の原因分析のポイント

管理クレーム

アウトソース先の
トラブル（ミス，エラー，
非効率）の発生

7.4

7.5.2 プロセスの妥当性確認
特に，当該プロセス・リーダーの適格性と企業の不満足をレビュー

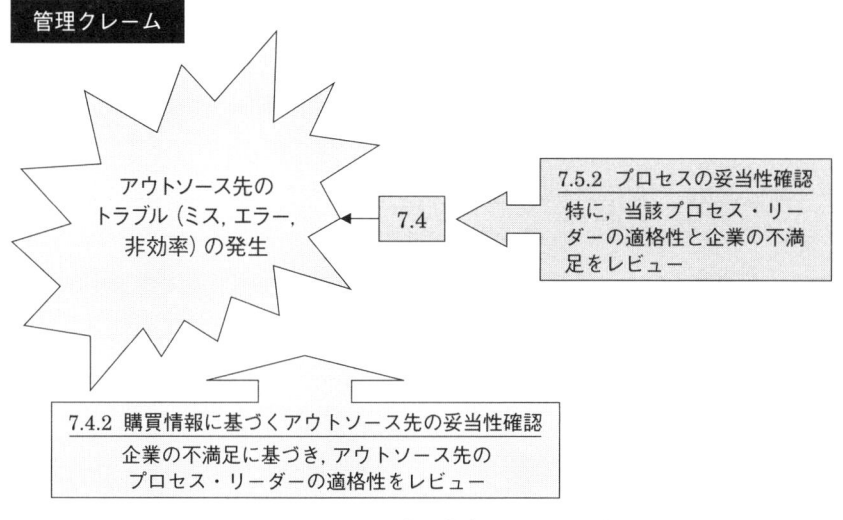

7.4.2 購買情報に基づくアウトソース先の妥当性確認
企業の不満足に基づき，アウトソース先の
プロセス・リーダーの適格性をレビュー

図 8.8　アウトソース先の能力をレビューする例

"川下プロセスのトラブル"の原因分析のポイント

管理クレーム

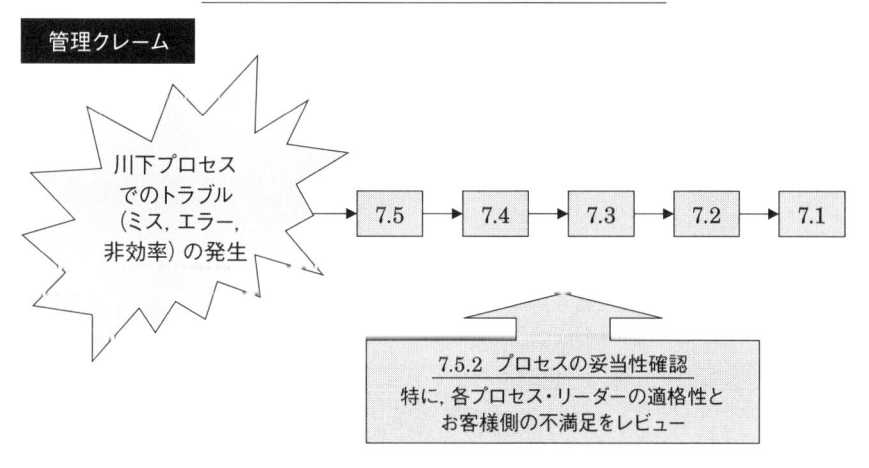

川下プロセス
でのトラブル
（ミス，エラー，
非効率）の発生

7.5 → 7.4 → 7.3 → 7.2 → 7.1

7.5.2 プロセスの妥当性確認
特に，各プロセス・リーダーの適格性と
お客様側の不満足をレビュー

図 8.9　上流側プロセスへさかのぼる例

図 8.10 には，"検査プロセス（8.2.4 項"製品の監視及び測定"参照）でのトラブルの原因分析のポイント"として，

・製品実現の計画（7.1 節"製品実現の計画"参照）
・合否判定の基準の設定（7.3 節"設計・開発"参照）
・〈外部〉お客様との取決め（7.2 節"顧客関連のプロセス"参照）

まで原因を分析するイメージを示した．

このイメージの場合，QC 工程表（7.5.1 項"製造及びサービス提供の管理"参照）などに設定している，現在の合否判定基準の妥当性もレビュー（CA）することである．この例でも，ISO 9001 の条項（活動）が相互に関連していることがわかる．すなわち ISO 9001 は，企業のシステムの中で，相互に関連する又は相互に作用する一連の活動（条項）を体系的に整理したシステムのモデルであることを示している．

図 8.11 は，〈外部〉のお客様の"納期短縮"というニーズ・期待に応えるために ISO 9001 を使って，"企業のシステムのどこにスループットとして"ボトルネック"があるか？"などをレビュー（CA）するイメージである．ISO 9001 の 7.5.2 項"製造及びサービス提供のプロセスの妥当性確認"を大

"検査トラブル"の原因分析のポイント

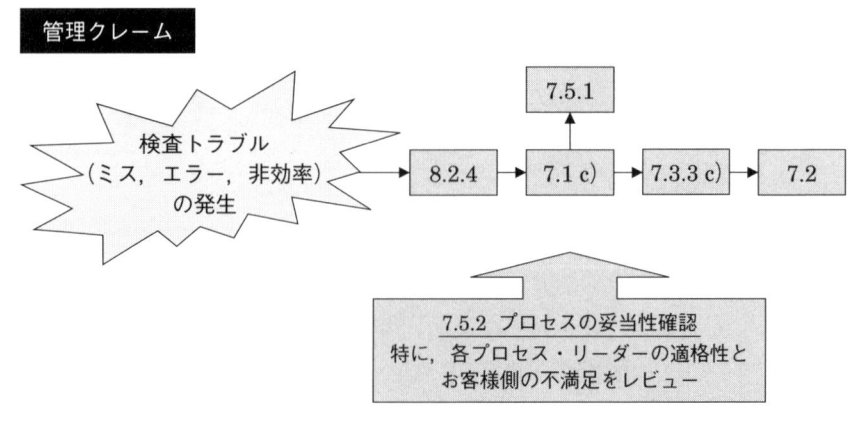

図 **8.10**　合否判定に基準に関連するレビューの例

第8章 "部門型管理システム"運用のムリ・ムダ・ムラのカイゼンの極意　113

"納期短縮"のレビューのポイント

お客様のニーズ

納期短縮 → 7.5 → 7.4 → 7.3 → 7.2 → 7.1

7.5.2 プロセスの妥当性確認
特に，各プロセス・リーダーの適格性と
お客様側の不満足をレビュー
（ボトルネックをレビュー）

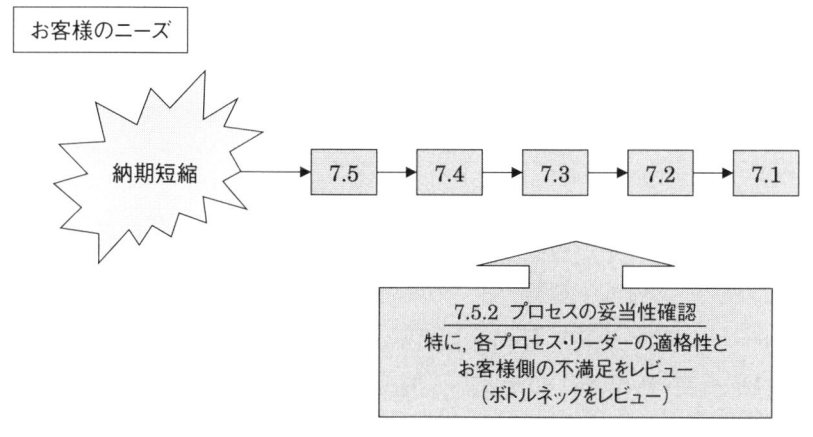

図 8.11　どこのプロセスがボトルネックか？をレビューする例

いに使ってボトルネックを探すことである．どの"プロセス（≒部門）"の結果のカイゼンを実行すれば，お客様のニーズ・期待に対応ができるかどうかを検討するイメージ例を示した（具体的には，第9章の事例7を参照）．これが本来の正当な，ISO 9001 の導入の姿である．

実際の，企業のシステム・カイゼン手順の概要は，巻末の"カイゼンの可能性報告書"を参照のこと．また，"当該プロセス・リーダー（≒部課長）"の ISO 9001 を使った主な自己レビュー（CA）の例は，巻末の表3を参照のこと．

ベンチマーキングの活用

企業のシステムの成熟度レベルをさらに向上させる典型的な手法の一つが，異業種のビジネスのパフォーマンス（結果）を，"ベンチマーキングする"ことである．そして，ビジネスのパフォーマンス・カイゼンの例としては，"システム / プロセス"内の一連の"プロセス / 活動"の数の簡素化による効率化がある（図 7.2 や図 4.1 を参照）．

簡素化のためには，日ごろから ISO 9001 の適切な条項と，"システム / プロセス"内の一連の"プロセス / 活動"を結びつける作業を怠ってはならない．

ISO 9001と結びつかない"プロセス/活動"は，カイゼンの対象である．なぜなら一連の"プロセス/活動"は，〈内部/外部〉のお客様がつくるのが原則だからである．"〈内部/外部〉お客様重視"のISO 9001の適切な条項と結びつかないのは，"無駄なプロセス/活動をしているのではないか？"と"プロセス・リーダー"が反省し，一連の"プロセス/活動"の集まりである"システム/プロセス"の再開発に着手することである．

"システム/プロセス"の効率化は，"プロセス・リーダー"の"〈内部/外部〉お客様重視"の"マインドの質"レベルが高まって初めて成功する．"プロセス・リーダー"の"マインドの質"レベルが高まったときの原因の割合は，"システム/プロセス"の原因が80％で，"プロセス・リーダー"の原因が20％と逆転する．

三つの機会

最後に，企業のシステム・カイゼンの"三つの機会"をまとめておく．

① すでにトラブルなどから発生している又は顕在化している"〈内部/外部〉お客様の不満足"を含む"ビジネス（品質）の不都合な結果"から，カイゼンに着手するとよい．ISO 9001の本質のよさを体験するとともに習得できる．

② 次に，"〈内部/外部〉お客様側の不満足"が多そうな領域を取り上げる（大抵は自覚症状がある）．

- ・"当該プロセス（≒部門）"間の"当該プロセス・リーダー（≒部課長）"が，〈内部/外部〉お客様側とよくコミュニケーションを取り合うこと（5.5.3項"内部コミュニケーション"参照）．
- ・潜在的又は非公式な"〈内部/外部〉お客様の不満足（8.2.1項"顧客満足"参照）"を含む"ビジネス（品質）の不都合な結果"のカイゼンを目指すこと．
- ・適切な品質のカイゼン目標の設定（5.4.1項"品質目標"参照）と測定尺度である品質パフォーマンス指標を正式に決定すること．

- その品質パフォーマンス（結果）を測定（8.2.3項"プロセスの監視及び測定"参照）し，グラフという"目で見える手法"を駆使して，問題を顕在化又は正式化させること．
- この問題のカイゼンでは，"当該プロセス・リーダー（≒部課長）"が中心となり，日常的にその目標が入ったグラフの傾向と特性を分析（8.4節"データ分析"参照）すること．
- ISO 9001の適切な条項を使って自己反省し，継続的な品質パフォーマンスのカイゼン（8.5.2項"是正処置"/8.5.3項"予防処置"参照）を率先垂範すること．

③ その他の潜在的又は非公式な"〈内部/外部〉お客様の不満足"を含む"ビジネス（品質）の不都合な結果"の問題に関しては，ISO 9001の本質に基づく，ISO内部監査を主体的に実行する．

- この実行を通して"有効性を含む不適合やカイゼンの機会"を提言することである（正しいISO内部監査については第10章で触れる）．

この二つのカイゼンの機会に関して，ISO 9001の本質を有効活用できれば，正の連鎖（ポジティブ・スパイラル）のスタートが切れるはずである．企業のシステム・カイゼンの実行にあたっては，経営補佐（5.5.2項"管理責任者"参照）がコーディネートすること．経営補佐のコーディネートのもとで，関連するすべての"プロセス・リーダー（≒部課長）"が集まり，ISO 9001の土俵上で，一緒になってその問題解決に参加，協力することが不可欠であることを忘れてはならない．

第 9 章　ISO 9001 を使った，リーダーによる"ビジネス（品質）の不都合な結果"のカイゼンの事例研究

　企業の"部門型管理システム"運用のムリ・ムダ・ムラの多さから，すでに発生している，又は発生する可能性があると思われる，"〈内部／外部〉お客様の不満足"を含む"ビジネス（品質）の不都合な結果"などの典型的な事例を取り上げる．典型的な事例を使って，ISO 9001 の適切な条項を使った原因分析，課題抽出又は解説の例について触れておく．

　まず，各事例について 10 分間くらいは，ISO 9001 を有効活用して，筆者の解説を見ずに，第三者として客観的に各事例にチャレンジして適切な条項だけでも書き出してほしい．

　次に筆者が示した紙上の，一つの解説例に関して ISO 9001 を使ったレビュー（CA）を繰り返すことをお勧めする（実際には，現場，現実，現物主義で，現状に照らし合わせてカイゼンを行わなければならない）．

　原因分析や課題抽出の各事例のレビューで注目してほしいのは，ISO 9001 の適切な条項を使った"当該プロセス・リーダー（≒部課長）"の自己反省だけにとどまってはならない．"当該プロセス（≒部門）"と"つながりや相互関係"のある"各プロセス・リーダー（≒部課長）"が，"〈内部〉お客様側プロセス（≒部門）に迷惑をかけていなかったか／不満足はないか？"と，ISO 9001 の適切な条項を使って，一緒に反省することの大切さである（図 7.2 や自企業の組織図などを参照してよい）．

　ISO 9001 の本質を活かして，経営補佐（5.5.2 項"管理責任者"参照）をはじめとするリーダーが一丸となって，"〈内部／外部〉お客様の不満足"を含む"ビジネス（品質）の不都合な結果"の継続的カイゼンを実行することである．この実行により，企業の"部門型管理システム"のムリ・ムダ・ムラのカイゼンが達成でき，"マインドの質"レベルの向上も図ってもらえれば幸いで

ある.

　注記：解答例の〈　〉は，筆者の補足である．

事例1（原因分析）

　ある企業では，通常，重大/重要クレームと称している"技術的クレーム"に関しては，品質保証部門が窓口となりカイゼンを実行しています．ラインエンドの包装領域では，人件費を削減するために，作業者が正社員から協力会社の人々に変わっています．そのため"試験成績表の入忘れ"，"品種間違い"，"数量間違い"や"天地逆に梱包"などのトラブル（管理クレーム）が発生しています．しかし，これらのトラブルのカイゼンに関しては，未着手の状態です．また，これらのトラブルの合計は，数百PPM（全製品数に対するトラブルの割合）も毎月，再発しているにもかかわらず，軽度のクレームとして1か月遅れの"品質月報"で報告しているだけでした．対策も，包装領域の監督者の社員が"何々を忘れるな，間違うな"などの掲示物を現場に貼り出しているだけでした．あなたなら，包装領域のプロセス・リーダー（≒部課長）として，ISO 9001のどの条項にフォーカスして自己責任の原因分析をしますか？　また，品質保証部門やその他の領域のプロセス・リーダー（≒部課長）に対して，ISO 9001のどの条項を使って，遂行/説明責任の話し合いを開始しますか？

  ISO 9001を使った，原因分析の例

①当該プロセス（≒部門）【20％】
○包装領域のプロセス・リーダー（≒部課長）がレビューすべき仕組みの条項
　・**7.5.5項"製品の保存"**参照：〈包装の仕組みの弱さは何か〉
　・**8.2.1項"顧客満足"**参照：〈部下（当該の社員）や協力会社の人々の悩み

を吸い上げる仕組みは運用していたか．また，経営層にこれらの"管理クレーム"情報を伝える仕組みは運用していたか（**5.5.3項"内部コミュニケーション"参照**)〉

②当該プロセス・リーダー（≒部課長）【80％】
○包装領域のプロセス・リーダー（≒部課長）がレビューすべき責任力の条項

- **6.2.2項のa)/b)/c) 参照**：〈部下や協力会社の人々の能力を向上させ，評価し権限委譲していたか〉
- **6.2.2項のd) 参照**：〈部下や協力会社の人々に当該の仕事のもつ意味と重要性を認識させていたか〉
- **6.2.2項のd) 参照**：〈部下や協力会社の人々に当該の仕事の品質目標の達成への貢献を認識させていたか〉
- **6.2.2項のe) 参照**：〈部下や協力会社の人々の力量を評価した記録は残していたか〉
- **5.5.1項"責任及び権限"参照**：〈内部の供給者（品質保証部門，製造領域，購買領域や人事部門など）又は内部のお客様側（出荷輸送領域など）との責任，役割分担は明確だったか〉
- **5.5.1項"責任及び権限"参照**：〈部下や協力会社の人々に役割分担を明確にし，権限委譲していたか〉

③その他のプロセス（≒部門）及びプロセス・リーダー（≒部課長）
【？％（非常に大きい）】
○経営層がレビューすべき条項

- **8.2.1項"顧客満足"参照**：〈外部のお客様の不満足（管理クレーム）の情報を吸い上げていたか〉
- **5.6.3項のa) 参照**：〈外部お客様の不満足の情報を踏まえて，人件費削減などの意思決定をしていたか〉

○品質保証のプロセス・リーダー（≒部課長）としてレビューすべき条項

- **8.2.1 項"顧客満足"参照**：〈外部お客様の不満足のクレームに対して，"管理クレーム"を軽度などと差別化していなかったか〉
- **7.5.2 項の a) 参照**：〈検査を担当する領域として，内部お客様側（包装領域）と決めた基準（要求された結果）は，達成していたか〉
- **7.5.2 項の b) 参照**：〈自分自身を含め，部下の適格性に問題はなかったか〉

○協力会社を選定した購買領域のプロセス・リーダー（≒部課長）としてレビューすべき条項

- **8.2.1 項"顧客満足"参照**：〈外部お客様の不満足を知っていたか．内部お客様側（包装領域）の不満足を吸い上げていたか〉
- **7.4.1 項"購買プロセス"参照**：〈協力会社の能力評価は行っていたか．〉
- **7.4.2 項"購買情報"参照**：〈特に協力会社の責任者を含む人々の適格性にかかわる購買情報は明確にしていたか〉
- **7.5.2 項の a) 参照**：〈内部お客様側（包装領域）と決めた基準（要求された結果）は，達成していたか〉
- **7.5.2 項の b) 参照**：〈自分自身を含め，部下の適格性に問題はなかったか〉

○人事部門（能力のある人的資源を供給する領域）のプロセス・リーダー（≒部課長）がレビューすべき条項

- **8.2.1 項"顧客満足"参照**：〈外部お客様の不満足を知っていたか．内部お客様側（包装領域）の不満足を吸い上げていたか〉
- **6.1 節の b) 参照**：〈外部お客様の満足を，外部お客様要求事項を満たすことによって向上するのに必要な人的資源を購買領域と協力して決定し，提供していたか〉
- **7.5.2 項の a) 参照**：〈内部お客様側（包装領域）と決めた基準（要求された結果）は，達成していたか〉
- **7.5.2 項の b) 参照**：〈自分自身を含め，部下の適格性に問題はなかったか〉

第9章 "ビジネス(品質)の不都合な結果"のカイゼンの事例研究

○製造領域のプロセス・リーダー(≒部課長)がレビューすべき条項

・**7.5.2項のa)** 参照:〈製品を引渡す側として,内部お客様側(検査,包装領域)と決めた基準(要求された結果)は,達成していたか〉
・**7.5.2項のb)** 参照:〈自分自身を含め,部下の適格性に問題はなかったか〉

など.

事例2(原因分析)

　ある企業でも,人件費の削減を目的に,ラインエンドの出荷検査領域において,安価に業務委託できる協力会社の高齢の人々が製品の目視検査などに従事しています.したがって,企業の出荷検査のトラブル(ミス,エラー,非効率)などが多いため,ユーザーである〈外部〉お客様側では,仕方なく受入れの目視検査などを実装に近い状態で,若い社員が実施しています.その結果として,〈外部〉お客様側からの返品(ロットアウト)があり,〈外部〉お客様は相当な不満を抱えています.あなたは,出荷検査の領域のプロセス・リーダー(≒部課長)として,ISO 9001のどの条項にフォーカスして,自己責任の原因分析をしますか? また,営業部門,設計・開発領域,購買領域及び人事部門のプロセス・リーダー(≒部課長)などに対してISO 9001のどの条項を使って,遂行/説明責任の話し合いを開始しますか?

ISO 9001を使った,原因分析の例

①当該プロセス(≒部門)**【20%】**
○出荷検査領域(品質保証部門が担当している場合が多い)のプロセス・リーダー(≒部課長)がレビューすべき仕組みの条項

- **8.2.4 項 "製品の監視及び測定" 参照**：〈目視検査などの仕組みの弱さは何か〉
- **7.6 節 "監視機器及び測定機器の管理" 参照**：〈目視検査など測定環境の，外部お客様との目合わせの仕組みの弱さは何か〉
- **8.2.1 項 "顧客満足" 参照**：〈部下（当該の社員）や協力会社の人々の悩みを吸い上げる仕組みを運用していたか．また経営層に，この外部お客様の不満足を伝える仕組みを運用していたか〉

②当該プロセス・リーダー（≒部課長）【80％】
○出荷検査領域のプロセス・リーダー（≒部課長）がレビューすべき責任力の条項

- **6.2.2 項の a)/b)/c) 参照**：〈部下や協力会社の人々の能力を向上させ，評価し権限委譲していたか〉
- **6.2.2 項の d) 参照**：〈部下や協力会社の人々に当該の仕事のもつ意味と重要性を認識させていたか〉
- **6.2.2 項の d) 参照**：〈部下や協力会社の人々に当該の仕事の品質目標達成への貢献を認識させていたか〉
- **6.2.2 項の e) 参照**：〈部下や協力会社の人々の力量を評価した記録は残していたか〉
- **5.5.1 項 "責任及び権限" 参照**：〈受入検査をされている外部お客様側との責任，役割分担は明確だったか〉
- **5.5.1 項 "責任及び権限" 参照**：〈内部供給者側（営業部門，製造領域，購買領域や人事部門）又は内部お客様側（包装領域）との責任，役割分担は明確だったか〉
- **5.5.1 項 "責任及び権限" 参照**：〈部下や協力会社の人々に役割分担を明確にし，権限委譲していたか〉

第9章 "ビジネス（品質）の不都合な結果"のカイゼンの事例研究　123

③その他のプロセス（≒部門）及びプロセス・リーダー（≒部課長）
　　　　　　　　　　　　　　　　　　　　　【？％（非常に大きい）】

○経営層がレビューすべき条項

- **8.2.1項 "顧客満足" 参照**：〈外部お客様の不満足の情報を吸い上げていたか〉
- **5.6.3項のa）参照**：〈外部お客様の不満足の情報を踏まえて，人件費の削減などの意思決定をしていたか〉

○営業部門のプロセス・リーダー（≒部課長）としてレビューすべき条項

- **8.2.1項 "顧客満足" 参照**：〈外部お客様の不満足の情報を吸い上げていたか〉
- **7.2.1項のa）参照**：〈外部お客様への引渡しに関して，決定して，内部お客様側（設計・開発及び出荷検査領域）に伝達していたか〉
- **7.5.2項のa）参照**：〈内部お客様側（設計・開発及び出荷検査領域）と決めた基準（要求された結果）は，達成していたか〉
- **7.5.2項のb）参照**：〈自分自身を含め，部下の適格性に問題はなかったか〉

○設計・開発領域のプロセス・リーダー（≒部課長）としてレビューすべき条項

- **8.2.1項 "顧客満足"**：〈内部お客様側（出荷検査領域）の不満足は吸い上げていたか〉
- **7.3.3項のb）参照**：〈測定環境（7.6節 "監視機器及び測定機器の管理" 参照）を含む，目視検査のサービス提供活動に関する情報は提供していたか〉
- **7.3.3項のc）参照**：〈製品の合否判定基準を含んでいたか〉
- **7.5.2項のa）参照**：〈内部お客様側（出荷検査領域）と決めた基準（要求された結果）は，達成していたか〉
- **7.5.2項のb）参照**：〈自分自身を含め，部下の適格性に問題はなかったか〉

○協力会社を選定した購買領域のプロセス・リーダー（≒部課長）としてレビューすべき条項

- ・8.2.1 項 "顧客満足" 参照：〈外部お客様の不満足を知っていたか．内部お客様側（出荷検査領域）の不満足を吸い上げていたか〉
- ・7.4.1 項 "購買プロセス" 参照：〈協力会社の能力評価は行っていたか〉
- ・7.4.2 項 "購買情報" 参照：〈特に協力会社の責任者を含む人々の適格性にかわる購買情報は明確にしていたか〉
- ・7.5.2 項の a) 参照：〈内部お客様側（出荷検査領域）と決めた基準（要求された結果）は，達成していたか〉
- ・7.5.2 項の b) 参照：〈自分自身を含め，部下の適格性に問題はなかったか〉

○人事部門（能力のある人的資源を供給する領域）のプロセス・リーダー（≒部課長）がレビューすべき条項

- ・8.2.1 項 "顧客満足" 参照：〈外部お客様の不満足を知っていたか．内部お客様側（出荷検査領域）の不満足を吸い上げていたか〉
- ・6.1 節の b) 参照：〈外部お客様の満足を，外部お客様の要求事項を満たすことによって向上するのに必要な人的資源を購買領域と協力して決定し，提供していたか〉
- ・7.5.2 項の a) 参照：〈内部お客様側（出荷検査領域）と決めた基準（要求された結果）は，達成していたか〉
- ・7.5.2 項の b) 参照：〈自分自身を含め，部下の適格性に問題はなかったか〉

○製造領域のプロセス・リーダー（≒部課長）がレビューすべき条項

- ・7.5.2 項の a) 参照：〈製品を引渡す（内部供給者）側として，内部お客様側（出荷検査の領域）と決めた基準（要求された結果）は，達成していたか〉
- ・7.5.2 項の b) 参照：〈自分自身を含め，部下の適格性に問題はなかったか〉

など．

事例3（原因分析）

　製品の出荷輸送の領域で，高速道路を使用する回数を2回/月以下と目標を設定していましたが，毎月5回以上と大幅に目標を上回っていました．その理由として，"製造の遅れ"，"輸送業者の遅刻"，"出荷伝票の記入ミス"の事実が取り上げられていました．しかし，体系的な原因分析をどう実行したらよいのか困っていました．あなたは，出荷輸送の領域の当該プロセス・リーダー（≒部課長）として，ISO 9001のどの条項にフォーカスして，自己責任の原因分析をしますか？　また，製造，購買及びその他の領域のプロセス・リーダー（≒部課長）に対してISO 9001のどの条項を使って，遂行/説明責任の話し合いを開始しますか？

ISO 9001を使った，原因分析の例

①当該プロセス（≒部門）【20%】
○出荷輸送領域のプロセス・リーダー（≒部課長）がレビューすべき仕組みの条項

- ・7.5.5項 "製品の保存" 参照：〈出荷伝票を記入する仕組みの弱さは何か〉
- ・8.2.1項 "顧客満足" 参照：〈記入ミスを犯した担当者の悩みや困っていることを聞く仕組みを運用していたか．また，この事実を経営層に伝える仕組みを運用していたか〉

②当該プロセス・リーダー（≒部課長）【80%】
○出荷輸送領域のプロセス・リーダー（≒部課長）がレビューすべき責任力の条項

- ・6.2.2項の a)/b)/c) 参照：〈担当者の能力を向上させ，評価し権限委譲していたか〉
- ・6.2.2項の d) 参照：〈担当者に当該の仕事のもつ意味と重要性を認識させていたか〉

- **6.2.2項のd）参照**：〈担当者に当該の仕事の品質目標の達成への貢献を認識させていたか〉
- **6.2.2項のe）参照**：〈担当者の力量を評価した記録は残していたか〉
- **5.5.1項"責任及び権限"参照**：〈担当者の役割分担を明確にしていたか〉
- **5.5.1項"責任及び権限"参照**：〈内部供給者側（製品保管の領域）又は内部お客様側（輸送業者）との責任，役割分担に問題はなかったか〉

③その他のプロセス（≒部門）及びプロセス・リーダー（≒部課長）

【？％（非常に大きい）】

○経営層がレビューすべき条項

- **8.2.1項"顧客満足"参照**：〈外部お客様の不満足の情報を吸い上げていたか〉
- **5.6.3項のa）参照**：〈外部お客様の不満足の情報に基づき，輸送業者の選定などの意思決定をしていたか〉

○購買領域のプロセス・リーダー（≒部課長）がレビューすべき条項

- **8.2.1項"顧客満足"参照**：〈内部お客様（出荷及び製造領域）の不満足を吸い上げていたか〉
- **7.4.1項"購買プロセス"参照**：〈輸送業者の能力及び資材調達先の能力を評価して選定していたか〉
- **7.4.2項"購買情報"参照**：〈責任者を含む，輸送業者及び資材供給者の適格性に関する購買情報を決定し伝えていたか．特に購買情報を決定するにあたって，能力ある人的資源の提供の意思決定者である人事部門と協力し合っていたか〉
- **7.5.2項のa）参照**：〈内部お客様側（出荷及び製造領域）と決めた基準（要求された結果）は，達成していたか〉
- **7.5.2項のb）参照**：〈自分自身を含め，部下の適格性に問題はなかったか〉

第9章 "ビジネス（品質）の不都合な結果"のカイゼンの事例研究　127

○製造のプロセス・リーダー（≒部課長）がレビューすべき条項

・**8.2.1項"顧客満足"参照**：〈内部お客様側（検査及び出荷領域）の不満足を吸い上げていたか〉
・**7.5.2項のa）参照**：〈内部お客様側（検査及び出荷領域）と決めた基準（要求された結果）は達成していたか〉
・**7.5.2項のb）参照**：〈自分自身を含め，部下の適格性に問題はなかったか〉
・**7.5.1項"製造及びサービス提供の管理"参照**：〈製造の遅れの原因は何か．同時に，7.5.2項"製造及びサービス提供のプロセスの妥当性確認"を使ったその他のプロセスの妥当性確認を要請する（7.5節"製造及びサービス提供"→ 7.4節"購買"→ 7.3節"設計・開発"→ 7.2節"顧客関連のプロセス"→ 7.1節"製品実現の計画"）〉

○設計・開発領域のプロセス・リーダー（≒部課長）がレビューすべき条項

・**8.2.1項"顧客満足"参照**：〈内部お客様側（製造，購買，出荷輸送などの領域）の不満足を吸い上げていたか〉
・**7.5.2項のa）参照**：〈内部お客様側（製造，購買，出荷輸送などの領域）と決めた基準（要求された結果）は，達成していたか〉
・**7.5.2項のb）参照**：〈自分自身を含め，部下の適格性に問題はなかったか〉

○受注契約領域のプロセス・リーダー（≒部課長）がレビューすべき条項

・**8.2.1項"顧客満足"参照**：〈内部お客様側（設計・開発，製造，出荷輸送などの領域）の不満足を吸い上げていたか〉
・**7.5.2項のa）参照**：〈内部お客様側（設計・開発，製造，出荷輸送などの領域）と決めた基準（要求された結果）は，達成していたか〉
・**7.5.2項のb）参照**：〈自分自身を含め，部下の適格性に問題はなかったか〉

○製品実現の計画領域のプロセス・リーダー（≒部課長）がレビューすべき条項

・**8.2.1項"顧客満足"参照**：〈内部お客様側（受注契約，設計・開発，購買，

製造, 出荷輸送などの領域) の不満足を吸い上げていたか〉
・**7.5.2 項の a) 参照**：〈内部お客様側（受注契約, 設計・開発, 購買, 製造, 出荷輸送などの領域）と決めた基準（要求された結果）は, 達成していたか〉
・**7.5.2 項の b) 参照**：〈自分自身を含め, 部下の適格性に問題はなかったか〉
など.

事例 4（原因分析）

ある企業の支店の営業部門で, ベテランの営業マンが突然, 早期退職したため, 本社から新人がすぐに交代要員として配属されました. 営業支店長も本社からの新人なので大丈夫だろうと思い, 初仕事を一人でまかせました. その新人は, 主要なお客様から新製品の図面を預かり, 誰にも確認をせずに, アウトソース先に製品化を依頼しました. アウトソース先もリピート品だと思い込み, 従来品を作製し納品しました. その結果, "新図面どおりではない" とクレームが発生しました. あなたは当該のプロセス・リーダー（営業支店長）として, ISO 9001 のどの条項にフォーカスして, 自己責任の原因分析をすればよいでしょうか？ また, アウトソース先管理のプロセス・リーダー（≒部課長）やその他の領域のプロセス・リーダー（≒部課長）に対して ISO 9001 のどの条項を使って, 遂行／説明責任の話し合いを開始しますか？

ISO 9001 を使った, 原因分析の例

①当該プロセス（≒部門）【20％】
○営業部門のプロセス・リーダー（営業支店長）がレビューすべき仕組みの条項
・**7.2.1 項** "製品に関連する要求事項の明確化"
・**7.2.2 項** "製品に関連する要求事項のレビュー"

- 7.2.3項 "顧客とのコミュニケーション" 参照:〈受注契約領域の仕組みの弱さは何か〉
- 8.2.1項 "顧客満足" 参照:〈新人の悩みや困っていることを聞く仕組みを運用していたか,また経営層に,外部お客様の不満足の情報を伝える仕組みを運用していたか〉

②当該プロセス・リーダー(≒部課長)【80%】
○営業部門のプロセス・リーダー(営業支店長)がレビューすべき責任力の条項

- 6.2.2項の a)/b)/c) 参照:〈新人の能力を向上させ,評価し権限委譲する仕組みを使ったか〉
- 6.2.2項の d) 参照:〈新人に当該の仕事のもつ意味と重要性を認識させていたか〉
- 6.2.2項の d) 参照:〈新人に当該の仕事の品質目標の達成への貢献を認識させていたか〉
- 6.2.2項の e) 参照:〈新人の力量を評価した記録は残していたか〉
- 5.5.1項 "責任及び権限" 参照:〈新人の役割分担を明確にしていたか〉
- 5.5.1項 "責任及び権限" 参照:〈内部供給者側(人事部門)又は内部お客様側(アウトソース先)との責任,役割分担に問題はなかったか〉

③その他のプロセス(≒部門)及びプロセス・リーダー(≒部課長)
【?%(非常に大きい)】
○経営層がレビュすべき条項

- 8.2.1項 "顧客満足" 参照:〈外部お客様の不満足の情報を吸い上げていたか〉
- 5.6.3項の a) 参照:〈外部お客様の不満足の情報を踏まえて,人事異動などの意思決定をしていたか〉

○人事部門(能力のある人的資源を供給する領域)のプロセス・リーダー(≒部課長)がレビューすべき条項

- **8.2.1 項 "顧客満足" 参照**：〈外部お客様の不満足の情報は知っていたか，内部お客様側（営業部門）の不満足を吸い上げていたか〉
- **6.1 節の b) 参照**：〈外部お客様の満足を，外部お客様の要求事項を満たすことによって向上するのに必要な人的資源を決定し，提供していたか〉
- **7.5.2 項の a) 参照**：〈内部お客様側（営業部門）と決めた基準（要求された結果）は，達成していたか〉
- **7.5.2 項の b) 参照**：〈自分自身を含め，部下の適格性に問題はなかったか〉

○アウトソース先管理のプロセス・リーダー（≒部課長）がレビューすべき条項

- **8.2.1 項 "顧客満足" 参照**：〈外部お客様の不満足の情報を吸い上げているか，アウトソース先の再評価につなげているか〉
- **7.4.1 項 "購買プロセス" 参照**：〈アウトソース先の能力評価をして選定していたか，再評価の基準はあるか〉
- **7.4.2 項の a) 参照**：〈購買情報を明確にし，外部お客様と取り決めた基準（要求された結果）は，達成していたか〉
- **7.4.2 項の b) 参照**：〈アウトソース先の責任者を含む要員の適格性に問題はなかったか〉
- **7.4.2 項の c) 参照**：〈アウトソース先の品質マネジメントシステムに関する要求事項を取り決めていたか〉
- **7.4.3 項 "購買製品の検証" 参照**：〈アウトソース先から直接，納品する場合の要求を，購買情報で明確にしていたか〉

など．

事例 5（原因分析）

ある企業の設計・開発領域では，新製品開発の依頼情報が営業部門から来る

が，情報が不足しており，いつも〈外部〉お客様に聞き直さなければならないと，担当者が悩んでいました．あなたは当該プロセス・リーダー（≒部課長）として，ISO 9001 のどの条項でこの悩みを正式に取り上げ，ISO 9001 のどの条項にフォーカスして自己反省をしますか？　また，営業部門やその他の領域のプロセス・リーダー（≒部課長）に対して ISO 9001 のどの条項を使って，遂行／説明責任の話し合いを開始しますか？

| ISO 9001 を使った，原因分析の例 |

①当該プロセス（≒部門）【20％】
○設計・開発領域のプロセス・リーダー（≒部課長）がレビューすべき仕組みの条項

- **7.3.2 項"設計・開発へのインプット"参照**：〈設計・開発へのインプットする仕組みの弱さは何か〉
- **8.2.1 項"顧客満足"参照**：〈内部お客様（担当者）の不満足情報を吸い上げる仕組みを運用していたか．また経営層に，この事実を伝える仕組みを運用していたか〉

②当該プロセス・リーダー（≒部課長）【80％】
○設計・開発領域のプロセス・リーダー（≒部課長）がレビューすべき責任力の条項

- **6.2.2 項の a)/b)/c) 参照**：〈担当者の能力を向上させ，評価し権限委譲していたか〉
- **6.2.2 項の d) 参照**：〈担当者に当該の仕事のもつ意味と重要性を認識させていたか〉
- **6.2.2 項の d) 参照**：〈担当者に当該の仕事の品質目標の達成への貢献を認識させていたか〉
- **6.2.2 項の e) 参照**：〈担当者の力量を評価した記録は残していたか〉
- **5.5.1 項"責任及び権限"参照**：〈担当者の役割分担を明確にしていたか〉

- 5.5.1項"責任及び権限"参照：〈内部供給者側（営業部門）との責任，役割分担に問題はなかったか．特に，外部お客様からの情報について確認すべき情報を決定していたか〉

③その他のプロセス（≒部門）及びプロセス・リーダー（≒部課長）

【？％（非常に大きい）】

○経営層がレビューすべき条項
- 8.2.1項"顧客満足"参照：〈内部お客様側（設計・開発領域）の不満足の情報を吸い上げていたか〉
- 5.6.3項のa）参照：〈内部お客様側（設計・開発領域）の不満足の情報を踏まえて，営業部門の人事異動などの意思決定をしていたか〉

○営業部門及びその他の領域（法務部門や経営層）のプロセス・リーダー（≒部課長）がレビューすべき条項

（営業部門の関連）
- 8.2.1項"顧客満足"参照：〈内部お客様側（設計・開発領域）の不満足を吸い上げていたか〉
- 7.2.1項のa）参照：〈引渡し及び引渡し後の活動を含めて，外部お客様が規定した要求事項を決定し，設計・開発にもれなく伝達していたか〉
- 7.2.1項のb）参照：〈外部お客様は明示していないが，指定された用途又は意図された用途が既知である場合，それらの用途に応じた要求事項を決定し，設計・開発領域にもれなく伝達していたか〉

（法務部門の関連）
- 7.2.1項のc）参照：〈どこの部門が，製品に適用される法令・規制要求事項を決定し，設計・開発領域にもれなく伝達していたか〉

（経営層の関連）
- 7.2.1項のd）参照：〈経営層が必要と判断する追加要求事項すべてを決定し，設計・開発領域にもれなく伝達していたか〉

第9章 "ビジネス（品質）の不都合な結果"のカイゼンの事例研究　133

（営業部門の関連）
- **7.2.2項のa)/c) 参照**：〈契約前に，設計・開発，出荷輸送などの領域が定められた製品要求事項及びその他の要求事項を満たす能力を持っているかをレビューしていたか．〉
- **7.5.2項のa) 参照**：〈内部お客様側（設計・開発領域）と決めた基準（要求された結果）は，達成していたか〉
- **7.5.2項のb) 参照**：〈自分自身を含め，部下の適格性に問題はなかったか〉

など．

事例6（原因分析）

　ある企業の営業支店で，本社の人事部門が推進している社内プロジェクトである"業務改革"のために，過去3か月間の残業時間を含む時間集計と内容の申告に全員が追われていました．そのため，重要な外部お客様との打合せや契約の事前打合せが約束より遅れていたため，外部お客様の不満足になっていると営業支店長が説明しました．あなたは，当該のプロセス・リーダー（営業支店長）として，ISO 9001のどの条項にフォーカスして，自己反省しますか？
　また"業務改革"を推進している人事部門のプロセス・リーダー（≒部課長）に対して，ISO 9001のどの条項を使って，遂行/説明責任の話し合いを開始しますか？

ISO 9001を使った，原因分析の例

①当該プロセス（≒部門）【20％】
○営業部門のプロセス・リーダー（営業支店長）がレビューすべき仕組みの条項
- **8.2.1項 "顧客満足" 参照**：〈外部お客様の不満足を吸い上げる仕組みを運

用していたか．また，経営層に外部お客様の不満足の情報を伝える仕組みを運用していたか〉
- **7.2節"顧客関連のプロセス"参照**：〈7.2節に必要な一連の活動に関して，営業部門とその他の領域と連携している外部お客様に関連する仕組みの弱さは何か〉

②当該プロセス・リーダー（≒部課長）【80％】
○営業部門のプロセス・リーダー（営業支店長）がレビューすべき責任力の条項
- **6.2.2項の a)/b)/c) 参照**：〈部下の能力を向上させ，評価し権限委譲する仕組みを使っていたか〉
- **6.2.2項の d) 参照**：〈部下に当該の仕事のもつ意味と重要性を認識させていたか〉
- **6.2.2項の d) 参照**：〈部下に当該の仕事の品質目標の達成への貢献を認識させていたか〉
- **6.2.2項の e) 参照**：〈部下の力量を評価した記録は残していたか〉
- **5.5.1項"責任及び権限"参照**：〈部下の役割分担を明確にしていたか〉
- **5.5.1項"責任及び権限"参照**：〈内部お客様側（設計・開発，製造，出荷などの領域）との責任，役割分担に問題はなかったか〉

③その他のプロセス（≒部門）及びプロセス・リーダー（≒部課長）

【？％（非常に大きい）】
○経営層がレビューすべき条項
- **8.2.1項"顧客満足"参照**：〈外部お客様や内部お客様側（営業部門）の不満足の情報を吸い上げていたか〉
- **5.6.3項の a) 参照**：〈外部お客様や内部お客様側（営業部門）の不満足の情報を踏まえて，業務改革プロジェクトなどの意思決定をしていたか〉
- **7.2.1項の d) 参照**：〈経営層として，自企業が必要と判断する追加要求事項を決定していたか〉

○人事部門(能力のある人的資源を供給する領域)のプロセス・リーダー(≒部課長)がレビューすべき条項

・8.2.1項"顧客満足"参照:〈外部お客様の不満足の情報を知っているか,内部お客様側(営業部門)の不満足を吸い上げているか〉
・6.1節のb)参照:〈外部お客様の満足を,外部お客様の要求事項を満たすことによって向上するのに必要な人的資源を決定し,提供していたか〉
・7.5.2項のa)参照:〈内部お客様側(営業部門)と決めた基準(要求された結果)は,達成していたか〉
・7.5.2項のb)参照:〈自分自身を含め,部下の適格性に問題はなかったか〉

など.

事例7(課題抽出)

 ある企業で,従来とは異なる業界から主力製品の購入の依頼がありました.しかし,その製品の引渡し条件は,"大幅な納期短縮"と"輸送時の製品破損率10%をゼロに近づけてほしい"との要求がありました.実際の対応状況は,生産企画部門のベテランのリーダーが,関連する部門を一人で飛びまわっていました.問題解決のために,それぞれの部門で個別の打合せを繰返し実施していました.そのため,目標達成までずいぶん時間を要していました.この事例は,全社一丸となって対応するべき課題です.

 あなたは,経営補佐(5.5.2項"管理責任者"参照)として,ISO 9001のどんな条項にフォーカスして,課題抽出のためのレビューをすればよいでしょうか? また,経営層を含めて製品の実現にかかわる主要な部門又は領域の各プロセス・リーダー(≒部課長)が,ISO 9001のどんな条項にフォーカスして一緒に,課題抽出のためのレビューをすればよいかを主導してください.

ISO 9001 を使った，原因分析の例

○経営補佐がレビューすべき条項

- **5.5.2 項の a) 参照**：〈体系的で目で見える方法によって，企業のシステムに必要となる一連のプロセス（≒部門）の"つながりや相互関係"の流れ図（図7.2 参照）を描いて計画し，アウトソース先を含めて開発する仕組みの問題点は何か〉
- **8.2.1 項"顧客満足"参照**：〈外部お客様のニーズ・期待である"納期の短縮"及び"製品の破損率ゼロ"に関して，内部供給者側に対するすべての内部お客様の不満足を明確にする仕組みの問題点は何か．また，この事実を経営層に伝える仕組みの問題点は何か〉
- **5.4.1 項"品質目標"参照**：〈内部お客様側の各プロセス・リーダー（≒部課長）より出される不満足に関して，測定尺度の品質パフォーマンス指標と品質カイゼン目標を当該プロセス（≒部門）間で設定するように計画する仕組みの問題点は何か〉
- **5.5.2 項の b) 参照**：〈ビジネス（品質）の不都合な結果とカイゼンの必要性の有無について，経営層に報告する仕組みの問題点は何か〉
- **5.5.2 項の c) 参照**：〈自企業全体にわたって，外部お客様の要求事項を満たすことに対する認識を高める仕組みの問題点は何か〉

○経営層がレビューすべき条項

- **5.2 節"顧客重視"参照**：〈外部お客様のニーズ・期待である"納期の短縮"及び"製品の破損率ゼロ"を吸い上げ，外部お客様の満足を目指して，意思決定する仕組みでの問題点は何か〉
- **7.2.1 項の d) 参照**：〈経営層として，自企業が必要と判断する追加要求事項を決定する仕組みの問題点は何か〉
- **8.2.1 項"顧客満足"参照**：〈外部お客様の満足向上のために，内部お客様の

第9章 "ビジネス（品質）の不都合な結果"のカイゼンの事例研究　137

不満足をカイゼンする仕組みの問題点は何か〉
- **5.5.1 項"責任及び権限"参照**：〈各プロセス・リーダー（≒部課長）と内部お客様側の責任及び役割分担を明確にする仕組みでの問題点は何か〉
- **6.1 節の b）参照**：〈外部お客様の満足を，外部お客様の要求事項を満たすことによって向上するのに必要な力量のある各プロセス・リーダー（≒部課長）を提供しているか〉

○**各プロセス・リーダー（≒部課長）が共通にレビューすべき責任力の条項**
- **6.2.2 項の a）/b）/c）参照**：〈ISO 9001 の適切な条項に関して，部下の能力を向上させ，評価し権限委譲する仕組みの問題点は何か〉
- **6.2.2 項の d）参照**：〈部下に当該の仕事のもつ意味と重要性を認識させる仕組みの問題点は何か〉
- **6.2.2 項の d）参照**：〈部下に当該の仕事の品質目標の達成への貢献を認識させる仕組みの問題点は何か〉
- **6.2.2 項の e）参照**：〈部下の力量（実証された能力）を立会い評価した記録を残す仕組みの問題点は何か〉
- **5.5.1 項"責任及び権限"参照**：〈部下の役割分担を明確にする仕組みの問題点は何か〉
- **5.5.1 項"責任及び権限"参照**：〈内部のお客様側プロセス（≒部門）との責任，役割分担を明確にする仕組みの問題点は何か〉

○**製品実現の計画領域のプロセス・リーダー（≒部課長）がレビューすべき条項**
- **8.2.1 項"顧客満足"参照**：〈外部お客様のニーズ・期待である"納期の短縮"及び"製品の破損率ゼロ"に関して，受注契約の領域に対する内部お客様側の不満足を明確にできるか〉
- **5.4.1 項"品質目標"参照**：〈この不満足に関する，品質カイゼン目標は当

該プロセス（≒部門）間で設定できるか〉
- **7.1 節"製品実現の計画"参照**：〈製品実現の計画をする仕組みの問題点は何か〉
- **7.1 節の a) 参照**：〈製品に対する品質目標及び要求事項を決定する仕組みの問題点は何か〉
- **7.1 節の b) 参照**：〈製品に特有な，一連のコアプロセス及び文書の確立の必要性，並びに人事部門と連携して人的資源を中心とした資源の提供の必要性を決定する仕組みの問題点は何か〉
- **7.1 節の c) 参照**：〈その製品のための検証，妥当性確認，監視，測定，検査及び試験活動，並びに製品合否判定基準の決定する仕組みの問題点は何か〉
- **7.1 節の d) 参照**：〈製品実現の一連のプロセス及びその結果としての製品が，要求事項を満たしていることを実証するために，必要な記録を決定する仕組みの問題点は何か〉
- **7.5.2 項の a) 参照**：〈内部お客様（受注契約の領域以外）及び外部お客様側と決めた基準（要求された結果）は，達成できそうか〉
- **7.5.2 項の b) 参照**：〈自分自身を含め，部下の適格性は大丈夫か〉

川下側の不満足をカイゼンすることからレビューするのがよい．

○出荷輸送領域のプロセス・リーダー（≒部課長）がレビューすべき条項
- **8.2.1 項"顧客満足"参照**：〈外部お客様のニーズ・期待である"納期の短縮"及び"製品の破損率ゼロ"に関して，内部供給者側である製品の実現の計画，購買，設計・開発及び検査/保管などの領域に対する不満足は何か明確にできるか〉
- **5.4.1 項"品質目標"参照**：〈これらの不満足に関する，品質カイゼン目標は当該プロセス（≒部門）間で設定できるか〉
- **7.5.5 項"製品の保存"参照**：〈製品輸送中の破損率の現状（10％）をゼロにする梱包方式の開発及び輸送の方式の開発を設計・開発領域と連携する仕

組みの問題点は何か［7.3.3項のb）と連携参照］〉
・**7.5.2項のa）参照**：〈外部お客様側と決めた基準（要求された結果）である"納期の短縮"及び"製品の破損率ゼロ"に関する課題は達成できそうか〉
・**7.5.2項のb）項参照**：〈自分自身を含め，部下の適格性は大丈夫か〉

〇検査／包装・保管領域のプロセス・リーダー（≒部課長）がレビューすべき条項

・**8.2.1項"顧客満足"参照**：〈"納期の短縮"及び"製品の破損率ゼロ"に関して，内部供給者側である製造，製品の実現及び設計・開発の領域に対する不満足は何か明確にできるか〉
・**5.4.1項"品質目標"参照**：〈これらの不満足に関する，品質カイゼン目標は当該プロセス（≒部門）間で設定できるか〉
・**8.2.4項"製品の監視及び測定"参照**：〈製品検査の仕組みの問題点は何か〉
・**7.5.3項"識別及びトレーサビリティ"参照**：〈製品の識別及びトレーサビリティの仕組みの問題点は何か〉
・**7.5.5項"製品の保存"参照**：〈製品保存の仕組みの問題点は何か〉
・**7.5.2項のa）参照**：〈内部お客様側（出荷輸送領域）と決めた基準（要求された結果）は達成できそうか〉
・**7.5.2項のb）参照**：〈自分自身を含め，部下の適格性は大丈夫か〉

〇製造領域のプロセス・リーダー（≒部課長）がレビューすべき条項

・**8.2.1項"顧客満足"参照**：〈"納期の短縮"及び"製品の破損率ゼロ"に関して，内部供給者側である製品の実現，設計・開発及び購買などの領域に対する不満足は何か明確にできるか〉
・**5.4.1項"品質目標"参照**：〈これらの不満足に関する，品質カイゼン目標は当該プロセス（≒部門）間で設定できるか〉
・**7.5.1項"製造及びサービス提供の管理"参照**：〈"納期の短縮"などに関する製造の仕組みの問題点は何か〉
・**7.5.3項"識別及びトレーサビリティ"参照**：〈製品の識別及びトレーサビリ

ティの仕組みの問題点は何か〉
- **7.5.4項 "顧客の所有物" 参照**：〈外部お客様の所有物の管理に関する仕組みの問題点は何か〉
- **7.5.5項 "製品の保存" 参照**：〈製品保存の仕組みの問題点は何か〉
- **7.5.2項の a) 参照**：〈内部お客様側（検査/保管領域）と決めた基準（要求された結果）は達成できそうか〉
- **7.5.2項の b) 参照**：〈自分自身を含め，部下の適格性は大丈夫か〉

○購買領域のプロセス・リーダー（≒部課長）がレビューすべき条項

- **8.2.1項 "顧客満足" 参照**：〈"納期の短縮" 及び "製品の破損率ゼロ" に関して，内部供給者側である製品の実現の計画及び設計・開発などの領域に対する不満足は何か明確にできるか〉
- **5.4.1項 "品質目標" 参照**：〈これらの不満足に関する，品質カイゼン目標は当該プロセス（≒部門）間で設定できるか〉
- **7.4節 "購買" 参照**：〈購買領域，全体の仕組みに対する問題点は何か〉
- **7.4.1項 "購買プロセス" 参照**：〈原材料の供給者及び出荷輸送でアウトソースしている輸送業者の能力を評価して選定する仕組みの問題点は何か〉
- **7.4.2項 "購買情報" 参照**：〈原材料の供給者及び出荷輸送でアウトソースしている輸送業者の適格性に関する購買情報を決定し伝える仕組みの問題点は何か〉
- **7.5.2項の a) 参照**：〈内部お客様側（製造，出荷輸送などの領域）と決めた基準（要求された結果）は，達成できそうか〉
- **7.5.2項の b) 参照**：〈自分自身を含め，部下の適格性は大丈夫か〉

○設計・開発領域のプロセス・リーダー（≒部課長）がレビューすべき条項

- **8.2.1項 "顧客満足" 参照**：〈外部お客様のニーズ・期待である "納期の短縮" 及び "製品の破損率ゼロ" に関して，内部供給者側である受注契約及び製品実現の計画の領域に対する不満足は何か明確にできるか〉

- **5.4.1項 "品質目標" 参照**：〈これらの不満足に関する，品質カイゼン目標は当該プロセス（≒部門）間で設定できるか〉
- **7.3節 "設計・開発" 参照**：〈設計開発の領域，全体の仕組みの問題点は何か．〉
- **7.3.3項の a) 参照**：〈設計・開発へのインプットで与えられた要求事項を満たす仕組みの問題点は何か〉
- **7.3.3項の b) 項参照**：〈購買，製造，保存，検査，出荷輸送などの領域に対して適切な情報を提供する仕組みの問題点は何か〉
- **7.3.3項の c) 参照**：〈製品の合否判定基準を含むか，又はそれを参照する仕組みの問題点は何か〉
- **7.3.3項の d) 参照**：〈安全な使用及び適正な使用に不可欠な製品の特性を明確にする仕組みの問題点は何か〉
- **7.5.2項の a) 参照**：〈外部お客様や内部お客様側（購買，製造，保存，検査，出荷輸送などの領域）と決めた基準（要求された結果）は，達成できそうか〉
- **7.5.2項の b) 参照**：〈自分自身を含め，部下の適格性に問題はなかったか〉

○受注契約領域のプロセス・リーダー（≒部課長）がレビューすべき条項

- **8.2.1項 "顧客満足" 参照**：〈外部お客様のニーズ・期待である "納期の短縮" 及び "製品の破損率ゼロ" に関して，内部お客様（製品の実現の計画，設計・開発，製造，出荷輸送などの領域）に対する不満足は何か明確にできるか〉
- **5.4.1項 "品質目標" 参照**：〈これらの不満足に関する，品質カイゼン目標は当該プロセス（≒部門）間で設定できるか〉
- **7.2節 "顧客関連のプロセス" 参照**：〈受注契約の領域すべてにおける仕組みの問題点は何か〉
- **7.2.1項の a) 参照**：〈引渡し及び引渡し後の活動を含む外部お客様が規定した要求事項を決定する仕組みの問題点は何か〉
- **7.2.1項の b) 参照**：〈外部お客様が明示していないが，指定された用途又

は意図された用途が既知である場合，それらの用途に応じた要求事項を決定する仕組みの問題点は何か〉
- **7.2.1 項の c）参照**：〈製品に適用される法令・規制要求事項を決定する仕組みの問題点は何か〉
- **7.2.1 項の d）参照**：〈企業が必要と判断する追加要求事項すべてを決定する仕組みの問題点は何か〉
- **7.2.2 項の c）参照**：〈契約前に，製品の実現の計画，設計・開発，製造，出荷輸送などの領域の内部お客様側が，定められた製品要求事項及びその他の要求事項（数量，納期，コスト）を満たす能力をもっているかレビューする仕組みの問題点は何か〉
- **7.5.2 項の a）参照**：〈外部お客様側と決めた基準（要求された結果）は達成できそうか〉
- **7.5.2 項の b）参照**：〈自分自身を含め，部下の適格性は，大丈夫か〉

など．

事例 8（解説）

　企業のシステム・カイゼンに成功している企業では，企業内部のお客様の不満足が少なく，外部のお客様の評判が非常に良好です．〈外部〉だけではなく〈内部〉のお客様も重視しなければならないという ISO 9001 の本質を十分に理解し，実行しているからだと思われます．あなたなら，内部で発生していると思われる〈内部〉のお客様の不満足（ビジネスの不都合な結果の一つ）のカイゼンをするリーダー（経営補佐）として，ISO 9001 のどの主要な条項を使って，成功に導くか解説してください．特に注意を払うのは，適切な品質カイゼン目標の設定の仕方です．

第9章 "ビジネス（品質）の不都合な結果"のカイゼンの事例研究　143

> **ISO 9001 を使った，解説の例**

　まず，できるだけ大きな単位で，部門ベースの場合は"組織図"を，プロセスベースの場合は"プロセス型マネジメントシステムのフロー図"を用いる．誰がお客様側か，情報や製品の流れ，業務の流れに従って，"つながりや相互関係"を確認しながら（適切なら線で結びながら）お客様側を特定する．矢印の先端がお客様（下流）側である．この方法が"体系的で目で見える方法"である（図 7.2 参照）．次に図 7.2 の〈外部〉お客様の不満足（出口/下流）からさかのぼって，〈内部〉お客様の不満足に関して内部コミュニケーション（5.5.3 項"内部コミュニケーション"参照）を当該プロセス（≒部門）間で当該プロセス・リーダー（≒部課長）同士が開始する．具体的には，次のとおりである．

① **8.2.1 項"顧客満足"参照**：〈内部のお客様側の不満足について，当該プロセス（部門）間で内部コミュニケーション（5.5.3 項"内部コミュニケーション"参照）を通じて抽出する〉

② **5.4.1 項"品質目標"参照**：〈当該プロセス（≒部門）間で，具体的な測定尺度である品質のパフォーマンス指標と数値化した具体的な品質のカイゼン目標を取り決める〉

③ **8.2.3 項"プロセスの監視及び測定"参照**：〈品質のカイゼン目標の入ったグラフを作成するために，あらかじめ取り決められた間隔で定常的に，そのパフォーマンスを下流側のお客様が測定して，内部コミュニケーション（5.5.3 項"内部コミュニケーション"参照）で，フィードバック収集し，上流側の当該プロセス・リーダー（≒部課長）がグラフ化する．このグラフ化が，無関心な人々を惹きつけるポイントとなる〉

④ **8.4 節"データの分析"参照**：〈そのグラフの特性と傾向を当該プロセス・リーダー（≒部課長）が責任をもってよく分析する．目標を逸脱する前に分析すれば予防処置（8.5.3 項"予防処置"参照）に移る．目標を逸脱した後

に分析すれば是正処置（8.5.2項 "是正処置" 参照）に移る〉

⑤ **8.5.2項 "是正処置" 参照/8.5.3項 "予防処置" 参照**：〈このカイゼン・プロセスで重要なのが企業のシステムの根本的な原因分析である．ポイントは，当該プロセス（≒部門）をマネジメントしている条項（仕組み）の何が弱かったのか（20%）？　並びに当該プロセス・リーダー（≒部課長）は，6.2.2項 "力量，教育・訓練及び認識" 及び5.5.1項 "責任及び権限" を十分に実行していたか（80%）？　を自己反省しカイゼンしなければならない．そして，経営補佐（5.5.2項 "管理責任者" 参照）が当該プロセス・リーダー（≒部課長）の反省及びカイゼンの結果についての "有効性" を評価しなければならない［8.5.2項のf）参照及び8.5.3項のe）参照］〉

⑥ **5.6.2項のc）参照**：〈マネジメントレビューへの重要なインプットとして，当該プロセス（≒部門）のパフォーマンスのグラフを，経営補佐がカイゼンの必要性の有無に関するコメントを含めて，経営層へ報告しなければならない（5.5.2項のb）参照）〉

以上のエッセンスが，ISO 9001の8.5.1項 "継続的改善" に提言されている．

事例9（解説）

　成功している企業では，記録を含む文書の数を増やすより，減らすカイゼンが進んでいます．文書の数を減らすことに言及している条項は，ISO 9001のどの条項か解説してください．もし，あなたが知っていれば，"物理的管理"，"手順書による管理" 又は "トレーニングによる管理" など "管理レベルの決定" にあたっての具体的な方法を解説してください．当然のこととして，"管理レベル" のカイゼンの方向は，"物理的管理" の方向ではなく，"トレーニング" による管理レベル以下，すなわち管理をしない（力量/実証された能力に応じて権限委譲する）方向です．

第9章 "ビジネス（品質）の不都合な結果"のカイゼンの事例研究　145

ISO 9001 を使った，解説の例

　ISO 9001 の 4.2 節 "文書化に関する要求事項" の 4.2.1 項の d) に，"組織内のプロセスの効果的な計画，運用及び管理を確実に実施するために，組織が必要と決定した記録を含む文書" を "含めなければならない" とを求められている．補足すると "必要性の決定" は，企業自身が判断しなければならない．

　さらに，注記2に "品質マネジメントシステムの文書化の程度は，次の理由から組織によって異なることがある．

　a) 組織の規模及び〈一連の〉活動の種類
　b) プロセス及びそれらの相互関係の複雑さ
　c) 要員の力量"

とある．

　補足すると，c) 項に特に着目して "文書化の程度" を判断することである．参考までに，"リスク（トラブル／不満足）分析による管理レベルの決定手法" を図 9.1 に紹介しておく．

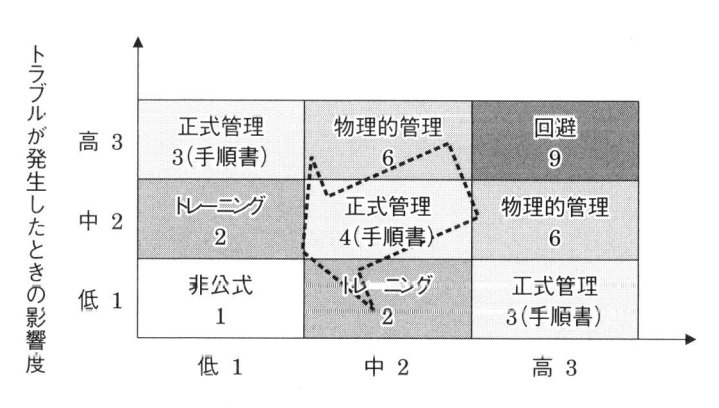

	低 1	中 2	高 3
高 3	正式管理 3(手順書)	物理的管理 6	回避 9
中 2	トレーニング 2	正式管理 4(手順書)	物理的管理 6
低 1	非公式 1	トレーニング 2	正式管理 3(手順書)

縦軸：トラブルが発生したときの影響度
横軸：トラブル(ミス，エラー，非効率)が発生する頻度

リスク ＝ 発生頻度 × 影響度

図 9.1　リスク（トラブル）分析と管理レベルの決定は適切か？

この図は，環境や安全のリスクのアセスメント（調査）を行うときには必ず使う手法である．各プロセス・リーダー（≒部課長）は，6.2.2項"力量，教育・訓練及び認識"を使って実証された能力（力量）に基づき，部下に権限委譲をすることである．図中に点線の矢印で方向性を示したように，"管理のレベル"は"非公式"の方向に進むように人々の能力を高めることである．決して"物理的管理"の方向にもっていってはならない．なぜなら，設備投資の回収は決して容易ではないからである．

事例 10（解説）

企業のシステム・カイゼンが成功している企業では，"ビジネス（品質）の不都合な結果"の適切なデータを収集し，グラフ化し，その特性と傾向を当該プロセス・リーダー（≒部課長）が責任をもって分析しています．あなたなら，"ビジネス（品質）の不都合な結果"のどんなデータを分析するべきだと思いますか？　ISO 9001 の適切な条項をレビューして解説してください．

ISO 9001 を使った，解説の例

ISO 9001 の 8.4 節"データの分析"の次のデータを取り上げて，グラフ化し，原因を分析すべきである．
① **8.4 節の a）参照**：〈内部／外部お客様の不満足に関するデータのグラフ（8.2.1 項"顧客満足"参照）を中心に〉
② **8.4 節の b）参照**：〈問題のある製品要求事項への適合のデータのグラフ（8.2.4 項"製品の監視及び測定"参照）〉
③ **8.4 節の c）参照**：〈グラフに基づき，予防処置の機会を得ることを含む，問題のあるプロセスの特性及び傾向のグラフ（8.2.3 項"プロセスの監視及

び測定"参照)〉

④ **8.4 節の c）参照**：〈グラフに基づき，予防処置の機会を得ることを含む，問題のある製品の特性及び傾向のグラフ（8.2.4 項 "製品の監視及び測定" 参照)〉
⑤ **8.4 節の d）参照**：〈問題のある供給者のパフォーマンスに関するデータのグラフ（7.4 節 "購買" 参照)〉

これらの品質カイゼン目標（5.4.1 項 "品質目標" 参照）の入ったグラフ化が非常に大切で，無関心だった人々も関心をもち参加するようになる．

第10章 ISO 9001を使った，リーダーによる ISO 内部監査の実行の極意

ISO 9001 認証制度の有効性

ISO 9001 の第1版が発行され20年以上経過している．現在の ISO 9001 などのマネジメントシステム規格に基づく，単なる適合性の認証制度は，認証を取得している企業での不祥事の発生などにより，見直しの時期に来ているともいわれている．

2006年に第三者の認証機関向けに，ISO/IEC 17021：2006 "マネジメントシステムの審査及び認証を提供する機関に対する要求事項" が発行された．これを受けた日本適合性認定協会（JAB）の2007年4月13日付のホームページの記事によると，

"マネジメントシステムの認証審査を行う場合，関連する規格などの規定要求事項への適合，不適合だけでは不十分です．マネジメントシステムがシステムとして有効に機能しているかは，所定の（期待する）目標に向かって，そのシステムのパフォーマンス（アウトプット，指標又は結果）が向上しているかどうかで判断する必要があります．（中略）規格の規定要求事項に対する一致のみを確認するような審査では，有効な審査とは言えません．"

と，コメントがあった．

また，経済産業省が，認定機関や認証機関など向けに "マネジメントシステム規格認証制度の信頼性確保のためのガイドライン" を2008年7月29日に公表したように，現在の認証制度に対する信頼性は高まっているとは言いがたい状況にある．

しかし，世界中の識者たちが20年以上かけてまとめあげた，ISO 9001 のもつポテンシャルは非常に大きいものがある．すなわち本書で論じているよう

に，ISO 9001 の本質をよく理解して活用すれば，企業の"部門型管理システム"運用のムリ・ムダ・ムラのカイゼンが促進できるのである．現在の適合性の認証制度においても，"企業が ISO 9001 を使って，効果的にカイゼンが促進できているのか？"の有効性の検証（審査）を認証機関が実行するのがよい．その結果として，"企業のシステム運用の適切性"の認証を与えるべきではないだろうか．当然の結果として，ISO 9001 を"満たしている程度"の差を企業ごとに評価すれば，ISO 9001 を導入している企業の成熟度レベルの"格づけ"も可能ではないだろうか．

正しい ISO 内部監査

ISO 内部監査/外部審査のガイドライン（指針）としては，ISO 19011：2002"品質/環境マネジメントシステム監査の指針"がある．安全についてもこの指針が適用できる．ISO 19011 や ISO 9001（8.2.2 項"内部監査"参照）の本質を多くの企業では理解できていないため，正しい ISO 内部監査の実行ができていない状況である．すなわち大半の企業が，"企業に役立つ ISO 内部監査（内部検証）"の実行ができていない現状にある．そこで ISO/IEC 17021：2006"マネジメントシステムの審査及び認証を提供する機関に対する要求事項"，すなわち認証機関に対する認証審査の要求事項のポイントについても少し触れながら論じる．

ISO 9001 の 8.2.2 項の b) には，"品質マネジメントシステムが効果的に実施され，維持されているか，あらかじめ定められた間隔で内部監査を実施しなければならない．"と要求されている．補足すると，"企業がシステムを，効果的（有効）に運用し維持できているかどうか？"を企業自身で検証するために，ISO 内部監査を実行するということである．

ISO 19011 の 4 章"監査の原則"の中に，"監査は，経営方針及び管理業務を支援する効果的，かつ，信頼のおけるツールとなり，また，組織がそのパフォーマンスを改善するには何に取り組むべきかについての情報を提供するものとなる"と記されている．補足すると，認証機関の外部審査員は言うに及ばず，

ISO 内部監査員がこの原則をよく理解しておく必要がある．

さらに，ISO 19011 の 6.5.6 項"監査結論の作成"の中にある，"実用上の手引き－監査結論"を紹介しておく．

"監査結論では，次の事項を扱うことができる．
　　a）マネジメントシステムの監査基準への適合の程度
　　b）マネジメントシステムの効果的実施，維持及び改善
　　c）マネジメントシステムが引き続き適切，妥当，有効で，かつ，改善が継続することを確実にするためのマネジメントレビュープロセスの能力"

補足すると，認証機関の外部審査員は言うに及ばず，ISO 内部監査員が，この監査の結論，特に b) を経営層に報告できているかどうかである．

ISO/IEC 17021 の"序文"の中にも，次のことが明記されている．

"マネジメントシステムの認証は，組織のマネジメントシステムが次のとおりであることの第三者による実証を提供する．
　　a）規定要求事項に適合している．
　　b）明示した方針及び目標を一貫して達成できる．
　　c）有効に実施されている．
マネジメントシステム認証のような適合性評価は，それによって，組織，その顧客及び利害関係者に価値を提供する"

補足すると，"企業のシステムが，有効に運用されているか？"を認証機関が評価できないと，企業の〈内部/外部〉お客様などに価値（満足）を提供することにはならないといえる．

"有効性"（ISO 9000 の 3.2.14 項参照）は，"目標が達成された程度"で評価できる．図 7.3 のような"目標の入ったビジネスのパフォーマンスのトレンドグラフ"の検証をすることが，ベスト・プラクティスである．

企業のビジネスを持続可能な成功へ導くためには，何より正しい ISO 内部監査を実行することである．そして，ISO 9001 を使う場合は，"〈内部/外部〉お客様の不満足"を含む"ビジネス（品質）の不都合な結果"の"悪い情報"

を吸い上げることである．この顕在化した情報を，企業自身で反省しカイゼンすることにより，自企業が社会的な責任を果たす能力を有していることを，究極は内部で実証できるようになる．

ISO 9001 の"序文"の 0.1 項"一般"の中に，"この規格は，製品に適用される顧客要求事項及び法令・規制要求事項並びに組織固有の要求事項を満たす組織の能力を，組織自身が内部で評価するためにも，認証機関を含む外部機関が評価するためにも使用することができる．"と明確に述べている．補足すると ISO 9001 を有効活用して，企業自身での実証能力を高めることがベストである．

プロセス・リーダーの参画

ISO 内部監査は，決してラインの監督者以下だけに任せてはならない．ISO 9001 を使った ISO 内部監査（8.2.2 項"内部監査"参照）では，"プロセスアプローチ"と"〈内部/外部〉お客様重視"に基づき"部門間の障壁を打ち破る"ことが重要な目的の一つだからである．部門間の障壁によるムリ・ムダ・ムラの多さは，計り知れない．企業のシステム・カイゼンでは，経営トップを含むリーダーの参加がポイントである．

この目的を達成するためには，経営補佐（5.5.2 項"管理責任者"参照）の指揮のもとで，すべての"プロセス・リーダー（≒部課長）"が参画して，ISO 内部監査（検証）を実行する必要がある．監査チームのリーダーは，客観性や公平性を維持するために，"当該（被監査）プロセス（≒部門）"以外の"プロセス・リーダー"が務めることである．"当該プロセス"とは異なる"プロセス・リーダー"が，客観的かつ公平に監査（検証）し合うことである．実行のポイントとしては，"当該プロセスの結果が，〈内部/外部〉お客様側に迷惑をかけていないか？"を中心に，三現（現場・現物・現実）主義で行うことである．

企業のシステム・カイゼンを成功へ導く ISO 内部監査員は，ISO 9001 をもって現場をよく歩き回っている．現場の不満足，悩み又は困っていることなどを

吸い上げ，検証のヒントにしている．そのヒントに基づき，"当該プロセス"の"プロセス・リーダー"が，今まで気づかなかったことを伝えようと努力している．すなわち"〈内部/外部〉お客様の不満足"を含む"ビジネス（品質）の不都合な結果"があれば，該当する ISO 9001 の適切な条項を使って，顕在化させることに集中している．その結果についても，その場で ISO 9001 の該当する条項を解説/伝道し，理解を求め"有効性から診た不適合やカイゼンの機会"を提言している．この"有効性から診た不適合やカイゼンの機会"については，包み隠さず経営トップにまで報告している．これがポイントである．

有効性の評価

ISO 9000 の 3.9.1 項"監査"は，"監査基準が満たされている程度を判定するために，監査証拠を収集し，それを客観的に評価するための体系的で，独立し，文書化したプロセス"と定義している．補足すると，監査基準（ISO 9000 の 3.9.3 項"監査基準"参照）は，客観性を確保するため，利害関係者の立場で作成された ISO 9001，ISO 14001 や OHSAS 18001 を使うのがよい．

"満たされている程度"とは，成熟度レベルと同等である．企業のシステムが ISO 9001 を"満たしている程度"は，最初に述べた P.B. クロスビー博士の"品質マネジメント成熟度表"や ISO 9004 などで論じられているのと同じである．これらの成熟度レベルは，通常，5 段階（レベル）に分けられている．

筆者は，もっとシンプルに適合，有効及び効率化の 3 段階（レベル）で，企業の成熟度レベルを評価されることをお勧めする．例えば，ISO 9001 の 7.6 節の c）では，"校正の状態を明確にするために識別を行う"ことを求めているが，

 ① 校正をしたラベルなどの識別があれば，適合性レベルである
 ② この校正済みの測定機器を使っている人が，この識別ラベルを見て機器を使用していれば，有効性レベルである
 ③ 校正の状態の識別活動が，スピーディーに実行できていれば，効率レベルがよい

と評価できる．気づくべきは，有効性レベル（お客様側から要求された結果が達成された程度）の検証では，校正された機器に関して，使用者（お客様）の立場に立って ISO 9001 を活用することである．すなわち"使用者側にインタビューをしないと有効性の評価ができない"ことである．その他，

- 現場の掲示物が人々に役立っている程度
- 手順書や作業指示書を実際に使っている程度
- 仕事の結果のグラフが人々の関心を集めている程度
- 仕事の結果の報告・連絡・相談の程度
- 上司が現場を歩き回る程度や監査時に現場の人が答える程度など

現場の人々（お客様）の立場で検証しないと有効性レベルは評価できない．さらには，

- "当該プロセス・リーダー（≒部課長）"がお客様側と内部コミュニケーションを図っている程度
- "当該プロセス（≒部門）"のトラブルの再発防止の程度に関するお客様側の不満足

なども，お客様側に立って検証しないと有効性は評価できない．有効性を検証するには，お客様側へのインタビューを忘れないことである．いずれにしても有効性の検証の中心は，"'〈内部/外部〉お客様の不満足'をカイゼンするために，適切な品質のカイゼン目標（値）が入った品質パフォーマンス（結果）のトレンドグラフ"を検証するのが，ベストプラクティスである（図 7.3 を参照）．

　ISO 9001 の本質を理解した"プロセス・リーダー"が中心となり，正しい ISO 内部監査を実行することである．その結果として，"〈内部/外部〉お客様重視"の ISO 9001 の本質の伝道ができる．この ISO 内部監査を通して，リーダーを始めとする，すべての人々の"マインドの質"レベルが向上していく．その結果として，"ビジネス（品質）のパフォーマンスのトレンドグラフ"が現場に氾濫し，全員参加になれば ISO 内部監査や外部審査は激減するはずである．

　図 10.1 には，"ISO 内部監査員は，何を実行すべきか？"をまとめた．ISO

第10章　ISO内部監査の実行の極意　　　155

内部監査員は，ISO 9001の本質の伝道師としての役割を決して忘れないことである．

ISO内部監査員は何を実行すべきか？

- ISO 9001に照らして，現場をよく歩きまわり，リスク（不満足/トラブル）をよく観察して記録し，ISO 9001の適切な条項に照らして，経営トップに報告すること．

- 現場をよく歩きまわり，困っている問題/悩み/不満を，よく傾聴し，記録し，ISO 9001の適切な条項に照らして，不適合/改善の機会をその場で解説できること．

- ISOの内部監査では、担当者を悪く言わないこと．その前にプロセス・リーダーが責任を果たしているかを検証すること．

図 10.1　ISO内部監査員はISO 9001の伝道師たるべし

内部監査の実施のポイント

次に，ISO 9001の本質を企業で働く及び企業のために働く，すべての人々に正しく伝道するために，"ISO内部監査（検証）は，どのように実行すべきか？"のポイントについて触れる．

(1) ISO内部監査員のスキルとツール

ISO内部監査員が，"〈内部〉お客様の不満足"を中心とした"ビジネス（品質）の不都合な結果"の情報を収集するスキルは，

インタビューする（1）：よく観察する（2）：傾聴する（2）

の割合である．（　）内の数字は割合である．もう一つの重要なスキルは，ISO 9001に照らして検証した結果について，"事実や証拠"に基づきISO 9001の適切な条項の箇所にすべてを記録することである．その記録に基づき，適切なISO 9001の条項の情報を添えて経営トップまで報告することで

ある.

ISO 9000 の 3.9.4 項 "監査証拠" は, "監査基準に関連し, かつ, 検証できる記録, 事実の記述又はその他の情報" と定義している. 補足すると, "その他の情報" とは, "運用の証拠" と理解するとよい. インタビューでは, "何々の証拠を見せてください！" を中心に, シンプルに実行することである. その提示された（客観的）証拠に関して, ISO 9001 を "満たしている程度（適合性, 有効性及び効率の3段階）" の検証をすることである. この検証が, 企業のシステム・カイゼンを成功へ導く ISO 内部監査員の仕事である.

企業のシステム・カイゼンを成功へ導く ISO 内部監査員は, 現場での検証を効率よく実行するために, 監査基準である ISO 9001 の主要な条項をグルーピングし直している. また, 図 10.2 のように "ISO 9001 に基づく監査の羅針盤" として整理し理解している. 実際には,

・"〈内部／外部〉お客様の不満足" を含む "ビジネス（品質）の不都合な結果" にかかわる条項群
・"当該プロセス（≒部門）" 及び "当該プロセス・リーダー（≒部課長）" にかかわる条項群

に分けて検証の効率を上げている. ISO 9001 の 4.1 節 "一般要求事項" から 8.5 節 "改善" の条項の順番に検証するのは非効率的である. 当然のこととして ISO 9001 の本質の伝道は非常に困難である.

企業のシステム・カイゼンを成功へ導く, 又はシステム・カイゼンにお役に立つ ISO 内部監査を実行するための, 重要なツールとして準備するものがある. 図 10.2 の "ISO 9001 に基づく監査の羅針盤" を入れ, 記録の場所を確保した "ISO 9001 監査記録用の作業文書" を自作しておくことである. 注意すべきは, ISO 9001 に基づかない, すなわち企業で作成し使用している手順書や規定に基づく, 検証のための "質問" を準備しないことである. 手順書や規定に基づく "監査チェックリスト" なる監査のための作業文書の作成は早く卒業することである. "文書に規定していないから不適合" などの検証では,

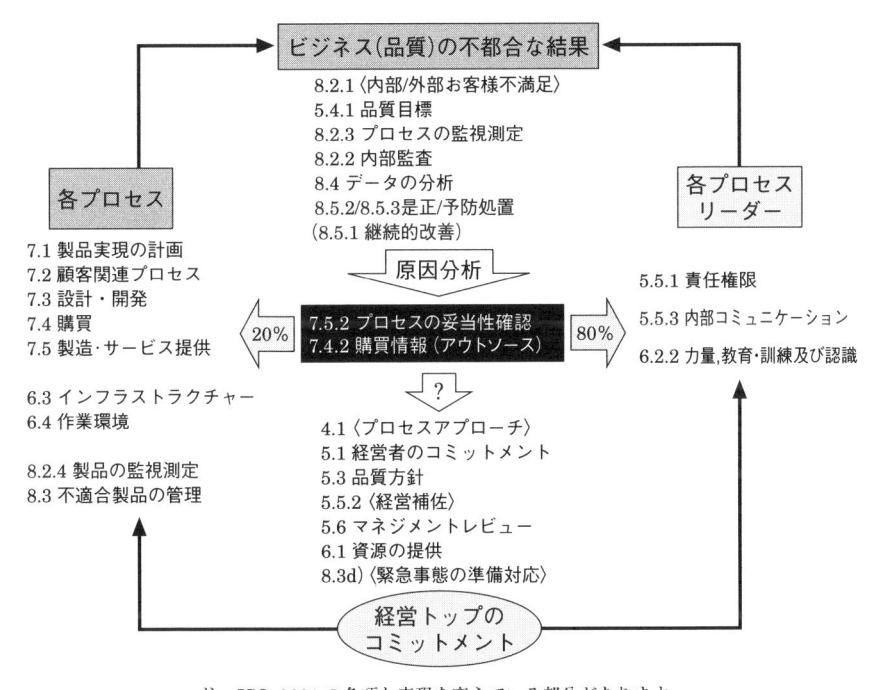

第10章 ISO内部監査の実行の極意　　157

```
                    ┌─────────────────────────┐
                    │ ビジネス(品質)の不都合な結果 │
        ┌──────────→│                         │←──────────┐
        │           │  8.2.1〈内部/外部お客様不満足〉        │           │
        │           │  5.4.1 品質目標                      │           │
        │           │  8.2.3 プロセスの監視測定             │           │
        │           │  8.2.2 内部監査                      │           │
   ┌─────────┐     │  8.4 データの分析                    │     ┌─────────┐
   │ 各プロセス │     │  8.5.2/8.5.3 是正/予防処置           │     │ 各プロセス │
   └─────────┘     │  (8.5.1 継続的改善)                  │     │  リーダー  │
                    └─────────────────────────┘           └─────────┘
7.1 製品実現の計画          ┌─原因分析─┐                    5.5.1 責任権限
7.2 顧客関連プロセス                                         
7.3 設計・開発         ┌──7.5.2 プロセスの妥当性確認──┐      5.5.3 内部コミュニケーション
7.4 購買           20% │  7.4.2 購買情報(アウトソース) │ 80%  6.2.2 力量,教育・訓練及び認識
7.5 製造・サービス提供  └───────────────────────┘
                             ┌─ ? ─┐
6.3 インフラストラクチャー    4.1〈プロセスアプローチ〉
6.4 作業環境                 5.1 経営者のコミットメント
                             5.3 品質方針
8.2.4 製品の監視測定          5.5.2〈経営補佐〉
8.3 不適合製品の管理          5.6 マネジメントレビュー
                             6.1 資源の提供
                             8.3d)〈緊急事態の準備対応〉
                        ┌──────────┐
                        │ 経営トップの │
                        │コミットメント│
                        └──────────┘
```

注　ISO 9001の条項と表現を変えている部分があります.

図10.2　ISO 9001の主要条項に基づくISO内部監査の羅針盤

ISO 9001の本質の伝道/解説ができないし，企業のシステムのカイゼンには，ほとんど役に立たない．

　ISO 9001の本質を理解し，伝道できるISO内部監査員としての力量[1]を身につけるためには，トレーニングが必須である．

　　注[1]　ISO 9000の3.9.14項"力量"は，"〈監査〉実証された個人的特質，並びに知識及び技能を適用するため実証された能力"と定義している．補足すると，能力の実証には立会い評価者が必要である．

　このトレーニング時も，図10.2を"ISO 9001に基づく監査の羅針盤"として大いに活用して，OJT（オン・ザ・ジョブ・トレーニング）を受ければ，早期にISO 9001の本質の理解が進む．企業の"ISO内部監査プロセス"の成熟度レベルを高めるためには，OJTでISO内部監査員の育成と指導ができ

る，スーパーバイザー（立会い評価者）の確保が必要である．スーパーバイザーの確保が，企業の競争優位につながることはいうまでもない．スーパーバイザーは，できれば経営補佐（5.5.2項"管理責任者"参照）であることが望ましい．

　企業のシステム・カイゼンを成功へ導くISO内部監査員は，現場で見聞きした"良い点"又は"悪い点"のすべての事実や証拠を，"ISO 9001監査記録用の作業文書"の適切な条項の箇所に記録している．その"良い点"又は"悪い点"に関して，その場でISO 9001の適切な条項について，被監査者と対話しながら解説/伝道している．その結果をISO 9001に基づき経営トップまで報告することが，基本であることも理解している．

　そして，決して監査を受ける側（被監査者）をチェックする"監査官"であってはならない．被監査者のお役に立とうとする姿勢を決して崩さないことである．被監査者が困っていること，悩んでいることやいろいろな不満足について"ISO 9001で助けられないか？"と，一緒になって考える姿勢を忘れてはならない．相手をチェックする姿勢では，"〈内部/外部〉お客様の不満足"を含む"ビジネス（品質）の不都合な結果"などの"悪い情報"の入手は，非常に困難である．"ISO 9001の解説/伝道は個人的なアドバイスではない"ので，ISO 9001の本質の伝道師として，大いに現場で解説/伝道をすることである．

(2) 計画（準備）プロセス

　ISO内部監査の目的は，"〈内部/外部〉お客様不満足"を含む"ビジネス（品質）の不都合な結果"という"悪い情報"について顕在化させることである．この顕在化は，ISO 9001を使って"有効性から診た不適合やカイゼンの機会"を提言することである．企業のシステム・カイゼンを成功へ導くISO内部監査員は，上司と部下の関係を含む"〈内部〉お客様側の不満足"を中心に，ISO 9001を使って"悪い情報"を顕在化させることを計画している．

　風通しのよい社風，上司自らが反省しカイゼンするウェイや部下の失敗がほめられる環境を構築しようとする，経営トップを含むリーダーの命がけの姿勢

第 10 章　ISO 内部監査の実行の極意　　　　　　　　　　　　　159

（コミットメント）がポイントである．この環境づくりができると，企業にとっての"悪い情報"は，顕在化しやすい．

　ISO 内部監査のチーム活動は，当然"和のマインド"が重要な要素である．このチーム活動における成果は，監査チーム・リーダーの"マインドの質"レベルに大いに依存するといっても過言ではない．経営補佐（5.5.2 項"管理責任者"参照）による監査チーム・リーダーの任命にあたっては，ISO 9001 の本質をよく理解し活用できる"マインドの質"レベルを有した，"プロセス・リーダー（≒部課長）"を任命することである．

　ISO 内部監査の計画（準備）プロセスの目的は，監査の実行の場面での効率を上げるためである．"プロセス"ベースの場合は，

- **プロセス型マネジメントシステムのフロー図**：各プロセス・リーダーを明記し，企業のシステムを構成する一連のプロセスの"つながりや相互関係"がわかるフローチャート（図 7.2 を参照）
- **当該プロセスのフロー図**：活動の責任者たちと一連の活動に ISO 9001 の適切な条項を明記し，プロセス内の"つながりや相互関係"がわかるフローチャート（図 11.2 や図 11.3 を参照）

を用いて，次の事項をよくレビュー（CA）しておくことである（基本は"プロセスの構成要素"の図 4.1 を参照すること）．

① 誰にインタビューするか？

② どんな証拠（記録）を見せてもらうか？（4.2.4 項"記録の管理"又は 4.2.3 項"文書管理"の検証の計画）

③ "当該プロセス"間で，"〈内部／外部〉お客様側の不満足"のカイゼンのために設定されている，品質のカイゼン目標の入った，品質パフォーマンスのトレンドグラフを中心に，"どんなグラフ（8.4 節"データの分析"参照）を見せてもらうか？"（5.4.1 項"品質目標"→ 8.2.3 項"プロセスの監視及び測定"→ 8.4 節"データの分析"→ 8.5.2 項"是正処置"/8.5.3 項"予防処置"の検証の計画）

④　ISO 9001 の適切な条項（第 7 章や第 8 章）を使って，"当該プロセス・リーダーが日常，当該プロセスのマネジメントを実行し，責任を果たしているか？"（使われている条項を満たしている程度，並びに 5.5.1 項 "責任及び権限" と 6.2.2 項 "力量，教育・訓練及び認識" の検証の計画）

⑤　"お客様側は，満足しているか？"（8.2.1 項 "顧客満足" の検証の計画）を中心に（客観的）証拠の検証を準備することである．この事前の文書レビューの結果は，自前の "ISO 9001 監査記録の作業文書" の 4.1 節 "一般要求事項" の欄に記録をしておき，何かあれば監査時に報告するとよい．

"手順書やマニュアルどおりに，仕事を正しく実行しているか？" という，担当者レベルのインプット文書から入る監査（検証）は早く卒業してほしい．"〈内部/外部〉お客様の不満足" を含む "ビジネス（品質）の不都合な結果" について，"当該プロセス・リーダー（≒部課長）は，責任を果たしているか？" という，アウトプット文書（記録）などの検証から入ることで，企業のシステム運用の結果を検証する，効率のよい ISO 内部監査を計画することが望ましい（プロセスの構成要素を示した図 4.1 を参照）．

企業のシステム・カイゼンを成功へ導く ISO 内部監査員は，〈内部/外部〉お客様の立場で作成された ISO 9001 を使いこなそうとしている．すなわち図 10.2 の "ISO 9001 に基づく監査の羅針盤" の各条項について "満たしている程度（適合，有効，効率化の 3 成熟度レベル）" を，効率よく検証するための準備（計画）をしている．この準備のポイントは，あらかじめ自作している "ISO 9001 監査記録の作業文書" の "検証すべき条項" の箇所に，"インデックスラベル" を左右に貼り出しておくことである．図 10.2 からわかるようにポイントは，

　【"当該プロセスのマネジメント" + "当該プロセス・リーダー"】
　　+【"経営トップのコミットメント"】
　=【"〈内部/外部〉お客様不満足" を含む "ビジネス（品質）の不都合な結果"】

の式が成り立っているので，

第 10 章　ISO 内部監査の実行の極意　　　　　　　　　　　161

・【"当該プロセス（≒部門）のマネジメント"＋"当該プロセス・リーダー（≒部課長）"】
・【"〈内部／外部〉お客様不満足"を含む"ビジネス（品質）の不都合な結果"】
の二つの主要なグループに分けて，"ISO 9001 のどの条項で，順序よく検証の予定するか？"のラベルを，左右に分けて貼り出しておくことが重要である．
　レビューした"当該プロセス（≒部門）"の運用の証拠にかかわる，ISO 9001 の共通な条項についても，ラベルを貼り出しておくのがよい（4.2.4 項"記録の管理"や 4.2.3 項"文書管理"など）．

　企業のシステム・カイゼンを成功に導く ISO 内部監査員は，ISO 9001 の 8.4 節"データの分析"のそれぞれのグラフの検証から，開始する計画を立てている場合が多い．その中でも"〈内部／外部〉お客様の不満足"をカイゼンするためのグラフにフォーカスしている．その適切な品質のカイゼン目標が入った，品質パフォーマンスのトレンドグラフ［8.4 節の a）参照］が日常，現場に掲示されていれば，ISO 内部監査の実行の頻度が激減することにつながることを理解している．なぜなら，ISO 9001 の本質（〈内部／外部〉お客様重視）のポイントが，現場まで伝道されたことになるからである．企業内部に，ISO 9001 の本質のポイントが伝道されれば，外部の認証審査に依存する費用も軽減でき，いずれは自己認証ができるようになるはずである．しかし現状は，ISO に対する投資のリターンが，非常に少ない企業が多い．
　ISO 内部監査や外部の認証審査の本来の目的は，企業にとって今まで気づかなかった"〈内部／外部〉お客様の不満足"を含む"ビジネス（品質）の不都合な結果"を顕在化させることと筆者は理解している．この顕在化により，企業の"部門型管理システム"運用のムリ・ムダ・ムラを継続的にカイゼンし，"〈内部／外部〉お客様の満足"の向上，収益の向上やリーダーの責任能力の向上を図ることである．このカイゼンを実行し企業の成熟度（有効性以上）レベルが向上すれば，ISO 内部監査や外部の認証審査を減らすことが可能なはずである．早期に，外部による認証から自己認証に早く切り替えることを戦略と

して計画するのがよい．

　現地でのインタビューは，まず"〈内部〉お客様側の不満足"の情報の検証から開始する計画が，最も効率がよい．"〈内部〉お客様側に不満足"の情報がなければ，"当該プロセス（≒部門）"の検証は実行しなくてもよいからである．
　もし"〈内部〉お客様側に不満足"の情報があれば，"当該プロセス（≒部門）"の"当該プロセス・リーダー（≒部課長）"の責任について，ISO 9001 に照らしてインタビューの展開を計画することである．"当該プロセス"内の部下である活動や作業の責任者たちにも，現場でのインタビューを計画するとよい．部下たちから困っていること，悩みや不満のヒントをもらい，上司（当該プロセス・リーダー）に対して，"有効性から診た不適合やカイゼンの機会"を提言するための検証を計画することが大切である．ポイントは，5.5.1 項"責任及び権限"と 6.2.2 項"力量，教育・訓練及び認識"に関する，上司の"実行の程度"の有効性の検証になる場合が多い．
　企業のシステムが部門ベースのままであっても，"お客様側部門は，誰か？"をあらかじめ確認しておくことである．検証予定のお客様側の部門に対しても事前に連絡をしておくことである（ISO 監査は事前通知が原則である）．現在，部門ベースでの監査の計画では，当該部門の手順（規定）書に基づく，部門別の監査を計画しているのが大半である．"プロセスアプローチ"で構成された ISO 9001 に基づく監査（ISO 9001 を"満たしている程度"）では，自ずと部門横断的な監査を計画する必要がある．巻末資料の表 2 を有効活用して，ISO 9001 に関連する活動を行っている検証予定の部門に，あらかじめ通知しておくとよい．慣れてくれば，ISO 内部監査の実施の日は，関連する部門が必要に応じて対応すべきことを合意しておくとよい．対応の準備をする必要はなく，あるがままの状況で対応すればよいからである．

　ISO 9001 に基づく監査では，文書管理（4.2.3 項参照）や記録の管理（4.2.4 項参照）など企業で作成している手順（規定）書がなくても検証が可能である．

第10章 ISO内部監査の実行の極意　　163

特に注力してほしいのは，"〈内部/外部〉お客様の不満足"の情報があれば，資源をマネジメントしている"プロセス"又は部門への検証の展開を計画しておくことである．使うべき条項は，ISO 9001の6.1節のb）である．6.1節のb）は，"顧客満足を，顧客要求事項を満たすことによって向上する"のに"必要な資源を明確にし，提供しなければならない"と求めている．補足すると，企業内部を中心にお客様側の不満足情報を取り上げる際に大いに使ってみることである．

〈参考〉

ISO/IEC 17021の第1段階審査の9.2.3.1.1項のc）では，"規格の要求事項に関する依頼者の状況及び理解を，特にマネジメントシステムの主要なパフォーマンス又は重要な側面，プロセス，目的及び運用の特定に関してレビューする，ことを目的として実施しなければならない"と認証機関に求めている．補足すると，ここでいう依頼者は，認証を受ける企業である．企業側がISO 9001の本質を理解して活用しているかを，現地審査の計画の前に把握しておくことを認証機関に求めている．例えば，"当該プロセス（≒部門）"内の品質目標の設定にとどまらず，ISO 9001の本質の"〈内部/外部〉お客様重視"を理解して"当該プロセス（≒部門）"間で，品質目標を設定しているレベルかどうかのレビューを求めている．

外資系のある認証機関では，"現地では文書審査をしません．品質のカイゼン目標を事前に登録しておいてください．現地ではその結果の検証をします"と宣言しているという話がある．この検証に絞れば，現地審査の費用も安くて済むはずである．

(3) 実行プロセス

ISO内部監査の実行で忘れてはならないのは，ISO 9001に基づき"お役に立つ監査（検証）"の実行を心がけることである．決して被監査者を"いじめる姿勢"であってはならない．もう一つは，"部下の失敗は，上司の責任"の

原則を忘れずに検証を実行することである．インタビューのポイントとしては，ISO 19011 の 6.5.4 項"情報の収集及び検証"の"実用上の手引き－面談（インタビュー）の実施"を参照のこと．さらなるポイントとして，筆者の補足を以下に示す．

・インタビューは"当該プロセス・リーダー（上司）"，"当該プロセス"内の活動責任者（部下）及びお客様側に対して行うこと
・インタビューは会議室ではなく，現場や普段の職場で行うこと
・インタビューは，お役立ちの姿勢で行うこと
・インタビューは，相手を尊重し"なるほどなるほど"とうなずきながら，すべてを受け入れながら行うこと
・先入観をもたないこと
・経営トップに現状を知ってもらうために，記録することを説明すること
・個人名は決して記録しないことを，説明すること
・オープンにして ISO 9001 の伝道/解説をしながら，"記録"すること（ムダ話は決してしないこと）
・"何々は，すでにやっていますよね"と，誘導尋問をしないこと．むしろ困っていること，悩みや不満を傾聴すること
・終わりには，監査の結果は"まとめる"こと．最後は，協力に対して謝意を表すこと

ISO 内部監査の実行は，いろいろな（客観的）証拠の中から"サンプリング"という手法をとるが，一番ホットな（新しい）証拠をサンプリングすることである．筆者の経験では難しい抜取検査の手法などに準拠する必要はない．むしろ"何か困っていること，悩みや不満がないか？"を聞いて，"ISO 9001 で解決できないか？"を，一緒になって考える姿勢で臨むこと．すなわち困っていること，悩みや不満を ISO 9001 で正式に顕在化さることである．この顕在化した"悪い情報"を，経営層を始め全員参加でカイゼンができるような環境づくりを促進するのが，成功へ導く ISO 内部監査員の仕事である．

第10章　ISO内部監査の実行の極意

　内部監査についてのエピソードではないが，筆者が実際に経験した現地審査における，2社の対応例を参考として述べておく．内部監査の対応もよく考えて実行してほしい．

　A社：
- 現地審査で，課長クラスの案内のもと，自由に行動でき，誰にでもインタビューできた．
- ISO 9001に基づく不適合やカイゼンの機会の提言は，積極的に受け入れてくれた．
- 経営層から全員参加になっていた．

　B社：
- 現地審査で，課長クラスの案内のもと，目では見えない赤いじゅうたんが敷かれていて，行動が限定された．インタビューはその課長にしかできなかった．
- ISO 9001に基づく不適合やカイゼンの機会の提言であっても，受け入れるのに難色を示された．
- ISO事務局/品質管理課のみが対応責任を負っていた．

あなたの企業は今，どちらの状況だろうか．

　ISO内部監査の開始は，まず"関係する文書を事前レビューして，準備（計画）したことに間違いはないか？"を確認すること．"被監査（当該）プロセス（≒部門）"運用の現状に関して，"当該プロセス・リーダー（≒部課長）"から説明を受けることから開始することである．

　　"お客様側は誰か"
　　"お客様の要望は何か"
　　"どんな品質パフォーマンス指標を設定しているか"
　　"どんなISO 9001の条項を使っているか"
　　"どんな記録があるか"

などを再確認するのがよい．相違があれば適宜，修正し検証を開始することである．

ISO内部監査の実行のポイントは，"何々の証拠を見せてください！"で始めること．その証拠を見て，"良い点"もISO 9001に基づき，"ほめる"こと．もし"悪い点（有効性からみた不適合やカイゼンの機会）"が発見されたら，その場で"悪い点"についてISO 9001に基づき，丁寧に解説／伝道をすることである．ISO内部監査は，ISO 9001を活用できれば非常にシンプルである．これを逸脱した，一般の内部監査や外部審査が蔓延しているのが現状である．

企業のシステム・カイゼンを成功へ導くISO内部監査員は，被監査者とISO 9001を使って対話しながら"良い点"も"悪い点"も，すべて"記録"をとっている．"記録しておかないと，報告ができない"という原則があるからである．"悪い点"については，"カイゼンの可能性報告書（巻末の例を参照）として，顕在化させてよいか？"を，被監査者に注意深く確認しておくことが大切である．一般的に活動レベル以下の責任者は，ISO 9001の要求事項は理解しても，"悪い点"を顕在化させることに抵抗を示す傾向にあるからである．

抵抗を示されたら，成功へ導くISO内部監査員としては，時間があれば，"当該プロセス・リーダー（≒部課長）"に検証を展開することである（適切な場合は，当該プロセス・リーダー以上の責任者に展開しなければならないときもある．"部下の失敗は，上司の責任"の原則を，忘れないことである）．

時間がなければ，知り得た一般の情報として報告するのがよい．なぜなら，"当該プロセス・リーダー"の適格性に問題があることが多いからである．時間があれば，ISO 9001の5.5.1項"責任及び権限"と6.6.2項"力量，教育・訓練及び認識"について，検証を展開するのがよい．"当該プロセス・リーダーがこれらの条項を理解して，当該プロセス（≒部門）を運用していたか？"の責任力の検証をする必要があるからである．

このヒントは，ISO 9001のエッセンスである7.5.2項のb）にあり，"設備の承認及び要員の適格性確認"を含んだ手続きを確立しなければならないと求められている．補足すると，ISO内部監査で"プロセス・リーダーを含む要（かなめ）となる人々の適格性を確認すること"を提言していると理解してよい．成功へ

第 10 章　ISO 内部監査の実行の極意　　　　　　　　　　　167

導く ISO 内部監査員は，その場で ISO 9001 を使って，企業のシステムの根本的な原因を分析しながら検証しているともいえる．

　監査チーム・リーダーは，監査の結果をまとめる監査チーム会議において"カイゼンの可能性報告書を，発行するかどうか？"の最終決定をしなければならない．この最終決定をするとき，被監査者が"悪い点"を顕在化させることを，了解しているかどうかを必ず確認することである．"悪い点"を"カイゼンの可能性報告書"として顕在化させない場合は，適切なら ISO 9001 の当該条項も添えて，知り得た一般の情報として最終報告書で報告するのがよい．なぜなら，"悪い情報"を正式に顕在化させることにより，被監査領域の上下の人間関係が険悪になる恐れがあるからである．
　一方，ISO 9001 の 5.6.2 項の g) に"マネジメントへのインプットとして，改善のための提案"の"情報を含めなければならない"と求めている．被監査者が困っていること，悩みや不満を手助けできる手段としては，この 5.6.2 項の g) を大いに有効活用することである．この個所に記録した"事実や証拠"に基づき，ISO 9001 の条項を添えなくてもよいので，経営トップまで報告することである．"カイゼンの可能性報告書"を発行することだけが，ISO 内部監査の目的ではない．"悪い点"の情報に関して経営トップを含むリーダーが気づき，全員参加で企業のシステムのムリ・ムダ・ムラのカイゼンに着手できるかどうかである．

成功に導く ISO 内部監査／検証の実際（図 10.2 を参照）
(1) 品質パフォーマンスの検証
　"当該（被監査）のプロセス（≒部門）"の"'〈内部／外部〉お客様の不満足'をカイゼンするための，品質目標が入った，品質パフォーマンスのトレンドグラフ"［8.4 節"データの分析"の a) 参照］の検証から入るとよい．これは，パフォーマンス又は有効性の監査（検証）ともいわれている．この検証の手順は，ISO 9001 の 8.5.1 項"継続的改善"をトレースすることである．

- "〈内部/外部〉お客様の不満足（8.2.1項"顧客満足"参照）"をカイゼンするために，
- 適切な品質のカイゼン目標（5.4.1項"品質目標"参照）を設定し，
- "当該プロセス"の品質パフォーマンスを定常的に測定（8.2.3項"プロセスの監視及び測定"参照）して，
- このデータを収集してグラフ化し，品質のカイゼン目標に対する特性と傾向のトレンドを見て，目標を逸脱しそうな場合（予防）又は目標を逸脱したとき（是正）は，
- このデータの原因を分析［8.4節"データの分析", 8.5.3項のa）又は8.5.2項のb）を参照］し，
- 予防処置（8.5.3項"予防処置"参照）又は是正処置（8.5.3項"是正処置"参照）のカイゼンプロセスを実行しているか？　又は予定しているか？

を順序よく検証することが，ISO内部監査の実行の中心であるといっても過言ではない．予定であってもISO 9001の本質を理解して，カイゼンの実行に困っていなければ手助けすることは何もない．

しかし，適切な品質のカイゼン目標が設定されていなかったら，"当該プロセス（≒部門）"間で"〈内部/外部〉お客様側の不満足"を品質のカイゼン目標の設定として取り上げるように，次の条項を大いに使うことである．

ISO 9001の8.2.1項"顧客満足"と5.4.1項"品質目標"，並びに8.4節のa）の"データの分析によって，顧客満足，に関する情報を提供しなければならない"と求めていることを大いに解説/伝道するとよい．ISO 9001の本質である"〈内部/外部〉お客様の不満足"のカイゼンの解説は，大いに実行することである．

ISO 9001は取り上げるべきその他の適切なデータとして，
- 問題のある製品の合否の割合［8.4節のb）参照］
- 問題の多いプロセスの特性と傾向［8.4節のc）参照］
- 問題の多い製品の特性と傾向［8.4節のc）参照］

・問題のある供給者の実績［8.4 節の d）参照］

のグラフ化を提言している．［　］内は該当する条項である．

〈参考〉

ISO/IEC 17021 の第 2 段階審査の 9.2.3.2 項の b）では，"主要なパフォーマンスの目的及び目標（適用されるマネジメントシステム規格又はその他の基準文書の主旨と矛盾しない）に対するパフォーマンスの監視，測定，報告及びレビュー，を含めなければならない"と認証機関に求めている．補足すると，"企業の主要なビジネス（品質など）のパフォーマンスが，適切に設定された品質のカイゼン目標に対して測定，報告及びレビューされているか？"の有効性の審査を実施することである．また 9.2.3.2 項の g）では，"規定要求事項，方針，パフォーマンスの目的及び目標（適用されるマネジメントシステム規格又はその他の基準文書の主旨と矛盾しない），適用されるすべての法的要求事項，責任，要員の力量，運用，手順，パフォーマンスのデータと，内部監査の所見・結論の関連，を含めなければならない"と認証機関に求めている．補足すると，中心は"品質パフォーマンスの測定，分析及びカイゼンに関する ISO 内部監査で，どのような発見や結論に達しているか？"の有効性の審査を実施することである．

しかし現状は，単なる適合性（システムのありなし）の審査による登録にとどまっているのではないだろうか．企業が認証機関に費用を払って審査を依頼する目的の大部分は，ISO 9001 を必ず介して企業が気づかなかった"〈内部/外部〉お客様の不満足"を含む"ビジネス（品質など）の不都合な結果（悪い情報）"について，気づいてもらうことではないだろうか．

(2) 当該プロセスのマネジメントの検証

必要に応じて"当該プロセス・リーダー（≒部課長）が，ISO 9001 の適切な条項を使って，当該プロセス（≒部門）のマネジメントを，日常的に実行しているか？"（4.1 節"一般要求事項"参照）を検証することである．

ISO 9001 の適切なメイン条項としては，次の条項が挙げられる．

・製品の実現計画プロセス（7.1節"製品実現の計画"参照）
・受注契約プロセス（7.2節"顧客関連のプロセス"参照）
・設計開発プロセス（7.3節"設計・開発"参照）
・アウトソースを含む購買プロセス（7.4節"購買"参照）
・製造プロセス（7.5節"製造及びサービス提供"参照）
・保存プロセス（7.5.5項"製品の保存"参照）
・出荷輸送プロセス（7.5.5項"製品の保存"参照）

上記のメイン条項を中心に使って，マネジメントを実行しているかを検証することである（図7.2又は図11.4を参照）．

　注意すべきは，部門ベースのままでISO 9001を"満たしている程度"の検証する場合は，当該部門内だけにとらわれてはならない．"当該部門以外の他部門のどこで，ISO 9001を満たした，当該活動が行われているか？"まで検証する必要がある．この検証を繰り返すと，企業の"部門型管理システム"運用のいろいろなムリ・ムダ・ムラの多さが自ずと顕在化し，"プロセス型マネジメントシステム"への転換の議論が出始めることになる．

〈参考〉

　ISO/IEC 17021の第2段階審査の9.2.3.2項のd）では，"依頼者のプロセスの運用管理，を含めなければならない"と認証機関に求めている．補足すると，企業の"当該プロセス"運用の管理がISO 9001の適切な条項を使って，日常，実施されているかの状況に関する有効性の審査をすることである．

(3) 人々の適格性の検証

　同時に忘れてはならない検証は，"当該プロセス（≒部門）"を運用している"当該プロセス・リーダー（≒部課長）"を含む要（かなめ）となる人々の適格性の検証である．この検証では，

・"当該プロセス・リーダーは，誰や何に対して責任があるのかを理解しているか？"（5.5.1項"責任及び権限"参照）

・"当該プロセス・リーダー（上司）は，部下（活動/作業責任者たち）を育てているか又は部下たちに言って聞かせているか？"（6.2.2項"力量，教育・訓練及び認識"参照）

などを中心に，責任力の検証を実行することである．

　部下たちからは，困っていること，悩みや不満のヒントをもらいISO 9001の解説/伝道を行うだけで，"有効性から診た不適合やカイゼンの機会"の提言はしないほうがよい．それらのヒントに基づき，上司に検証を展開するのがよい．企業のシステム・カイゼンを成功へ導くISO内部監査員は，ISO 9001の本質に基づき，真の原因（上司の責任力）中心に分析しながら検証を実行しているのである．

第11章　ISO 9001を使った，リーダーによる日常の"プロセス"のマネジメントの極意

品質マネジメントの原則

ISO 9000の0.2節の"品質マネジメントの原則"では，"組織をうまく導き，運営するには，体系的で透明性のある方法によって指揮及び管理することが必要である．すべての利害関係者のニーズに取り組むとともに，パフォーマンスを継続的に改善するように設計されたマネジメントシステムを実行し，維持することで成功を納めることができる"と記載されている．

補足すると，"体系的で目で見える方法"を使うこと，及び"〈内部/外部〉お客様側の不満足"に取り組むとともに，"ビジネス（品質）の不都合な結果"を継続的にカイゼンするように設計して，企業のシステムの運用を実行し，維持することで，成功を納めることができると理解できることは，本書の第7章のポイント⑧でも述べた．

この原則を素直に採用し，ISO 9001の適切な条項と"結びつけ"て，"各プロセス・リーダーが，〈内部/外部〉お客様側に，迷惑をかけていないか？"を，日常的に反省しカイゼンするシステム又は環境づくりが重要である．企業の"部門型管理システム"運用のムリ・ムダ・ムラをカイゼンする，又は"すべての部門間の障壁を打ち破る"ためには時間を要する．時間をかけながら，すべての部門の機能を活動レベルに分解して，一連の"プロセス"に再編すること．この"プロセスアプローチ"に基づき，企業のシステムを体系的で目で見えるようにした"プロセス型マネジメントシステム"を，構築し直すことである．

経営層がなすべきことは，"プロセス型マネジメントシステム"運用の成熟度レベルが向上するように，ISO 9001の本質を理解した"プロセス・リーダー"を要所要所に配置することである．配置された"プロセス・リーダー"は日常的に，"プロセス"の結果（パフォーマンス）に関して，ISO 9001を使って

自己反省しカイゼンを実行すること．"プロセス・リーダー"の最低限の"マインドの質"レベルとしては，お客様の立場に立った，反省とカイゼンの実行力の向上であることを忘れてはならない．

部門機能抽出による結びつけ

"品質マネジメントの8原則"の一つであるISO 9000の0.2節のd)"プロセスアプローチ"は，"活動及び関連する資源が一つのプロセスとしてマネジメントされるとき，望まれる結果がより効率よく達成される"と定義があることはすでに述べた．補足すると，"プロセスアプローチ"とは，図11.1に示すように企業の"部門型管理システム"の各部門の機能を活動レベルに分解する．分解した一連の活動を，各部門横断的に一つの"プロセス"として，"つながりや相互関係"を含めて再編し描くことである．描く方法としては，"ポストイッ

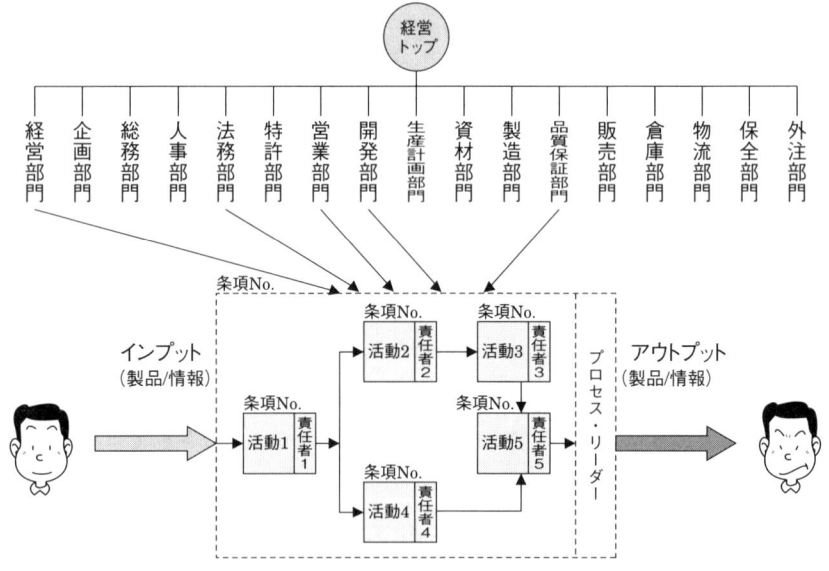

・プロセス・リーダー及び活動の責任者の(再)任命，を忘れずに！
・ISO 9001の条項のマッピングとお客様側の明確化を忘れずに！

図11.1　部門の機能を分解し，あるプロセスに再編するイメージ

第 11 章　日常の"プロセス"のマネジメントの極意

ト"を大いに使うとよい．そして一連の活動を再編し，目で見えるように描いた"プロセス"に，

- ·"'プロセス・リーダー'と'活動の責任者'たちを明記する"
- ·"ISO 9001 の三桁レベルの適切な条項番号を，'活動'の左上にマッピングする"

ことである．この"結びつけ"が ISO 9001 の本質を活用する第一歩である．"結びつけ"の間違いを恐れてはならない．間違いは，修正していけばよい．各部門の機能を分解し，活動を抽出するにあたっては，巻末資料の表 2 を活用するとよい．

　各部門の機能を活動レベルに分解すると，部門（機能）横断的に関連する一連の活動が各部門や領域に分散していることや各部門や領域で重複している状況などもわかってくる．

　例としては，

- ·経営領域と品質保証部門の関係
- ·営業部門，設計・開発領域，製造領域，購買領域，品質保証部門のそれぞれの関係
- ·総務部門と人事部門，その他の主要部門や領域の関係

などの一連の活動の"つながりや相互関係"を，製品，情報及び活動などの流れに従って線で結ぶと，その複雑さや不透明さもカイゼンの大きな視点になる（後述する図 11.6 を参照）．

　巻末資料の表 2 に典型的な企業の部門名を横軸に，縦軸に ISO 9001 の各条項のマトリックス表を示した．"ISO 9001 が最低限，必要としている活動（機能）を，どの部門で行っているか？"を探すときに活用すると便利である．

　典型的な"プロセス"の例として，ISO 9001 の 7.3 節"設計・開発"及び 7.4 節"購買"に基づき，"設計・開発プロセス"と"購買プロセス"の例を図 11.2 と図 11.3 に示す．これは完成した"プロセス"の絵である．したがって，一連の活動の"つながり"が，シンプル過ぎると思うかもしれない．実際に，これを参考にして自企業の現状を描いてみると，こんなにシンプルな"つなが

り"ではないはずである．現状の"つながり"の複雑さは，カイゼンの視点としてとらえることである．恐れてはならない．

例として示した図11.2と図11.3のポイントを改めてまとめる．"当該プロセス"の結果に関する日常のマネジメントのために，

- "当該プロセス・リーダー"と"活動の責任者"たちは誰か？を再任し明記していること
- ISO 9001の三桁クラスの適切な条項と一連の"活動"を結びつけていること
- お客様側の不満足を中心にカイゼンするために取り決めた，品質パフォーマンス指標を登録していること

である．

"プロセス・リーダー"と"活動の責任者"の再任では，"どこの部門の部長，課長や係長のうち，誰を任命するとよいのか？"の議論が出るはずである．また，"重複した活動はどのプロセスに入れるべきか？"，"抜けている活動はどうするのか？"などの議論も出るはずである．これらの議論を通じてわかることは，ISO 9001は縦の職位階層や部門の数の多さを減らすこと，並びにセクショナリズムの廃止も意図していることである．

図11.2及び図11.3に示した品質パフォーマンス指標は，"当該プロセス"間すなわち"プロセス"レベルで設定した例である．

参考までに，"システム"レベルの品質パフォーマンス指標の例を示しておく．この例には，予防的（プロアクティブ）指標と事後的（リアクティブ）指標がある．

予防的指標の例としては，

- "ビジネス（品質）の不都合な結果"の再発防止状況
- "ビジネス（品質）の不都合な結果"に対する対応スピードや上位の責任者が対応している状況
- 是正処置の有効性
- 経営層によるマネジメントレビュー内容の適切性

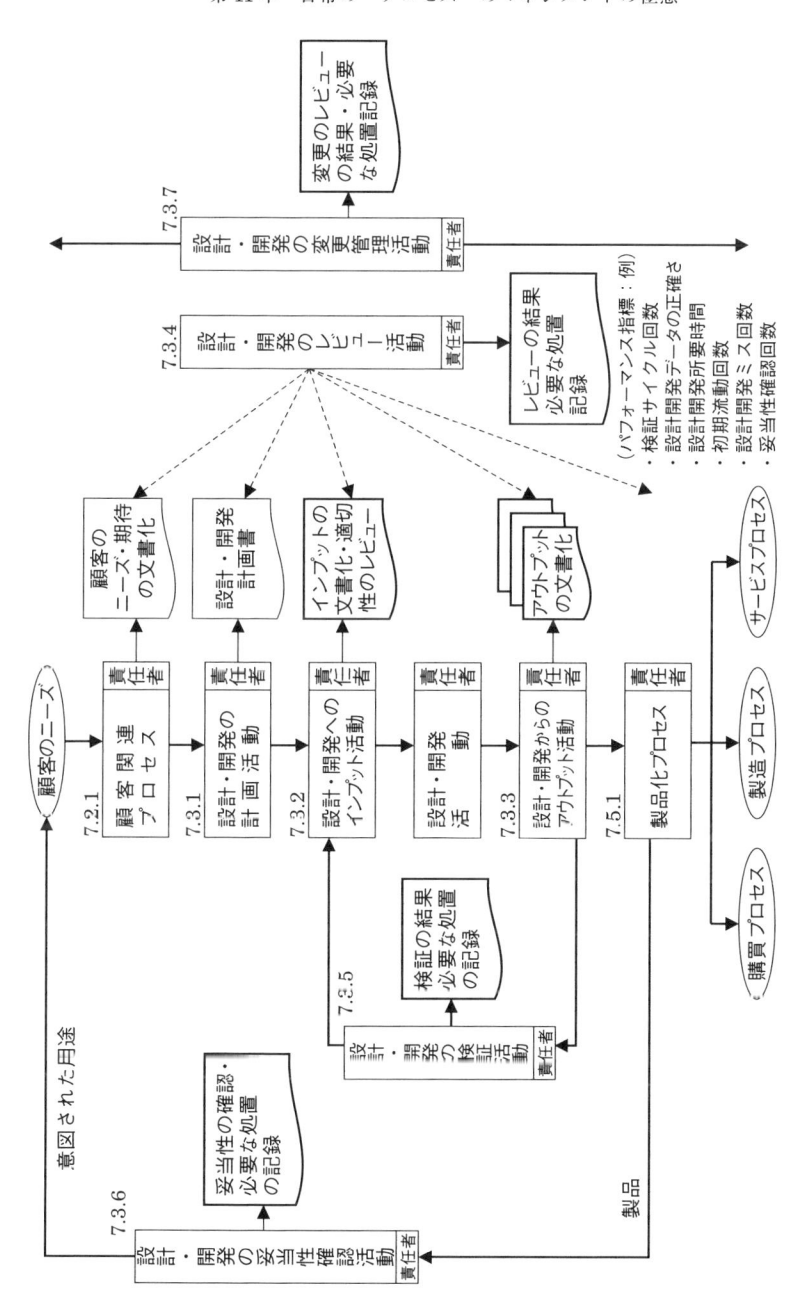

第11章 日常の"プロセス"のマネジメントの極意　　177

図 11.2 設計・開発プロセスの例

178

図 11.3 購買プロセスの例

購買要求事項
・購買対象
・含むサービス

・原材料/包装材料
・設備,機器
・外注加工(アウトソーシング)
・役務
・設計
・校正,試験
・保管,配送
・その他のサービス

パフォーマンス指標:例
・資材在庫切れ件数
・登録除外された供給者の数
・購買金額の大幅な削減
・物品返却の回数
・不適合資材の通過回数

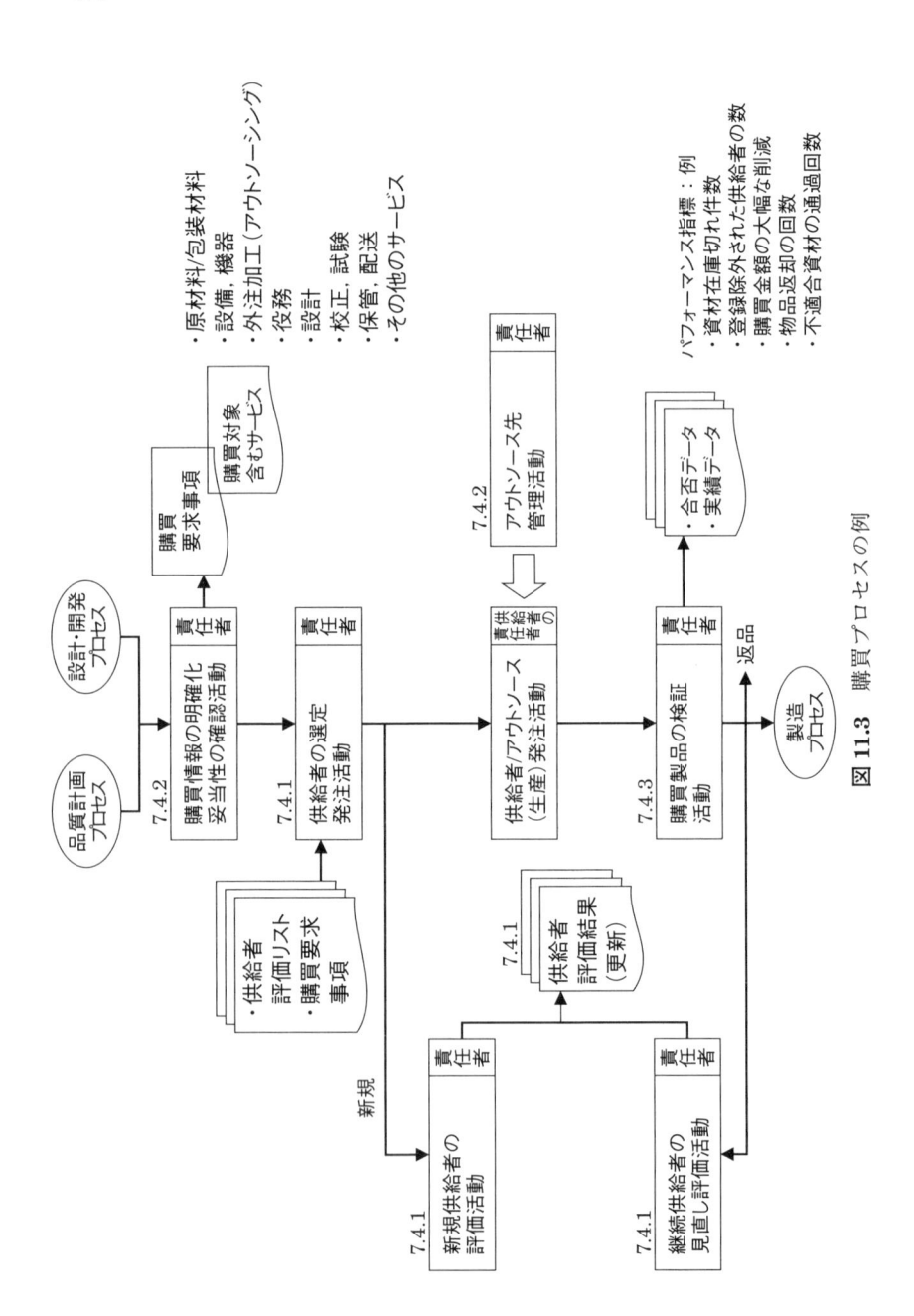

設計・開発プロセス → 7.4.2 購買情報の明確化 妥当性の確認活動 → 7.4.1 供給者の選定 発注活動 → 7.4.2 供給者/アウトソース (生産)発注活動 → アウトソース先管理活動 → 7.4.3 購買製品の検証活動 → 製造プロセス

品質計画プロセス

責任者（各工程）

供給者評価リスト・購買要求事項

7.4.1 新規供給者の評価活動（新規）

7.4.1 継続供給者の見直し評価活動

供給者評価結果（更新）

合否データ・実績データ

返品

第 11 章　日常の"プロセス"のマネジメントの極意

　　・内部監査での"ビジネス（品質）の不都合な結果"の指摘の適切性
などがある．
　事後的指標の例としては，
　　・〈外部〉お客様のクレーム状況
　　・〈外部〉お客様による外部監査の頻度
　　・製品の手直し状況
　　・"ビジネス（品質）の不都合な結果"の発生状況
　　・供給者のトラブル状況
などがある．予防的指標を大いに取り上げることである．
　重要な，"プロセス"ベースのシステム・カイゼンのポイントに触れておく．着手する順番としては，企業のシステムを構成する，再編した"プロセス"レベルの"つながりや相互関係"の現状のカイゼンから着手とよい．"プロセス"内の活動レベルの"つながりや相互関係"のカイゼンの着手は 2 番手に考えることである．
　部門ベースの現状であっても，大きな部門間の複雑な又は不透明な"つながりや相互関係"のカイゼンに関して，最初に着手すべきである．なぜなら，ジグゾーパズルを思い出すとよい．上級クラスの非常に小さなピースの"つながりや相互関係"を探すのは非常に困難である．大きなピースの"つながりや相互関係"は，誰でもわかりやすいからである．
　まとめると，まず，ISO 9001 を活用して，企業の現在の"部門型管理システム"のすべての部門の機能を分解して，一連の活動を抽出することである．この一連の活動を部門横断的に集めて，一つの"プロセス"として再編することである．そして，再編したすべての"プロセス"を，図 7.2 又は図 11.4 などの企業のシステム・モデルなどを参照して，一連の"コアプロセス"及び一連の"サポートプロセス"に分けて再配置することである．次に製品，情報及び"プロセス"などの流れに従って，"プロセス"レベルの"つながりや相互関係"の現状をありのままに，線で結び企業のシステムとして描くことである．再任された"'各プロセス・リーダー'の明記"及び"ISO 9001 の二桁の条

項番号を中心に，'各プロセス'の左上にマッピングする"ことである．これもISO 9001 を使っている重要な証となる．これが，"プロセス型マネジメントシステムのフロー図"である．

マネジメントシステムに必要な四つのプロセス

ISO 9001 は，4.1 節"一般要求事項"の注記 1 に，"品質マネジメントシステムに必要となるプロセスには，運営管理〈マネジメント〉活動，資源の提供，製品実現，測定，分析及び改善にかかわるプロセスが含まれる"とヒントが提言されている．補足すると"経営にかかわるプロセス"，"資源のマネジメントにかかわるプロセス"，"製品実現にかかわるプロセス"及び"測定，分析及び改善にかかわるプロセス"が，企業のシステムには最低限，必要であると理解できる．この四つの"プロセス"で構成される企業のシステムがシンプルかつ運用の効率が最大となる．すなわち企業のシステム運用のムリ・ムダ・ムラが最低になることにつながる．

"プロセス"レベルの"つながりや相互関係"の複雑さや不透明さが，最初に手がけるべき重要なカイゼンの視点である．一連の"プロセス"レベルの現状の"つながりや相互関係"を描いた図を最初に使うことである．この図を大いに使って，"〈内部/外部〉お客様重視"で"つながりや相互関係"を継続的にカイゼンしていくことである．この手法が，企業のシステム運用のムリ・ムダ・ムラのカイゼンを実行するためのポイントとなる．"プロセス"レベルの"つながりや相互関係"のカイゼンを通じて，企業の体質に合った"プロセス"の数に再編を繰り返し，企業のシステムのムリ・ムダ・ムラを継続的にカイゼンすることである．

ISO 9001 の"プロセス"の 4 分類は，あくまでもモデルである．しかし究極の"プロセス"の数である．図 7.2 又は図 11.4 のモデルでは，"プロセス"の数は 14 である．N 自動車では"プロセス（プロジェクトチーム）"の数は 10 で実行し，目的を達成している．当然，最適なプロセスの数は，企業の規模に影響を受ける．

第 11 章　日常の"プロセス"のマネジメントの極意

"プロセスアプローチ"で注意すべき点を少し触れておく．各部門では，ISO 9001 の必要な活動以外の活動を行っているはずである．とりあえず該当しそうな"プロセス"に残しておくことである．ISO 9001 の最低限に必要な活動以外の活動の必要性については，"当該プロセス・リーダー"が，後日，〈内部/外部〉お客様の立場で見直す"カイゼンの機会"としてとらえておくことである．

"プロセス"レベルの"つながりや相互関係"をカイゼンした後の，次のステップでは，ISO 9001 の条項が結びつかない活動の必要性を，"当該プロセス・リーダー"がレビュー（CA）することである．そのときに"プロセス"内の活動については，"〈内部/外部〉のお客様側がつくる"ことの原則を，"当該プロセス・リーダー"が忘れないことである．歴史がある企業ほどムダな活動が増えている可能性がある．時機がきたら"ムダな活動はないか？"をレビューすること．逆に，ISO 9001 が最低限に必要としている活動を行っていない場合は，追加しなければならない．例として，ISO 9001 の 7.3.5 項"設計・開発の検証"に関する活動が抜けていることがある．

プロセス型マネジメントシステムのカイゼン

"プロセス"レベルの"つながりや相互関係"のカイゼンのポイントについて触れる．このカイゼンでも，〈内部/外部〉お客様側を明確にしておくこと．"〈内部/外部〉お客様の不満足"を含む"ビジネス（品質）の不都合な結果"に着目して，日常的にカイゼンを実行することがポイントであることはいうまでもない．ビジネス（品質）のトラブルや"〈内部/外部〉お客様の不満足"が，多い又は多いと思われる当該の"プロセス"間を優先的に抽出してカイゼンに着手してよい．当該の"プロセス・リーダー"同士が，内部コミュニケーション（5.5.3 項"内部コミュニケーション"参照）をよくとりあって，ビジネス（品質）のトラブルや"〈内部〉お客様側の不満足（8.2.1 項"顧客満足"参照）"のカイゼンに着手すること．測定尺度である主要な品質パフォーマンス指標（KPI）とその品質パフォーマンスのカイゼン目標（5.4.1 項"品質目標"参照）

を，正式に取り決めることである（図7.2又は図11.4を参照）．

実際の実行にあたっては，お客様側と取り決めた品質パフォーマンス指標が入った"当該プロセスのフロー図（図11.2や図11.3を参照）"も使うこと．ポイントは，"当該プロセス・リーダー"が"当該プロセス"の品質パフォーマンス（結果）の反省とカイゼンを，日常的に実行することが重要である．"当該プロセス・リーダー"が，"〈内部/外部〉お客様重視"で日常的に，"当該プロセス"の結果を反省しカイゼンする"責任"を果たすことである．"責任を果たしているかどうか？"を日常的に反省しカイゼンするには，"お客様側と取り決めた品質のカイゼン目標に対する，品質パフォーマンスのトレンドグラフ"を活用するのが，ベスト・プラクティスである（図7.3を参照）．

段階的にすべての"プロセス"間まで拡大すること．すべての"プロセス・リーダー"が，ISO 9001の適切な条項を活用して，"〈内部/外部〉お客様重視"ですべての"プロセス"の結果の継続的なカイゼンを実行できるようになることである．さらに，三つのマネジメントシステム規格を有効活用して，企業のビジネス・パフォーマンスの継続的なカイゼンが実行できるように，リーダーの"マインドの質"レベルを高めることである．なぜなら企業のシステムの成熟度レベルを向上させることがリーダーの責務であるからである．"有効性のレベル"に留まらず，"効率のレベル"まで成熟度レベルを向上させたいものである．

企業の"部門型管理システム"運用のムリ・ムダ・ムラのカイゼン促進のプラットホーム（土台）といえるのは，経営トップによるマネジメントレビューの実行である（5.6節"マネジメントレビュー"参照）．現状は，"他社は？，官庁は？，前例は？，あなたは？"という横並びの伝統的な内容で，相変わらず行っている企業が多い．ISO 9001に学ぶと，"〈内部/外部〉お客様の不満足は？，トラブル（ミス，エラー，非効率）の多いプロセスは？，トラブルの再発防止は？，供給者のパフォーマンスは？"などの，"〈内部/外部〉お客様の不満足"を含む"ビジネス（品質）の不都合な結果"のレビューに変えることが，急務であることが理解できる．経営トップ自ら定期的に，企業のシステ

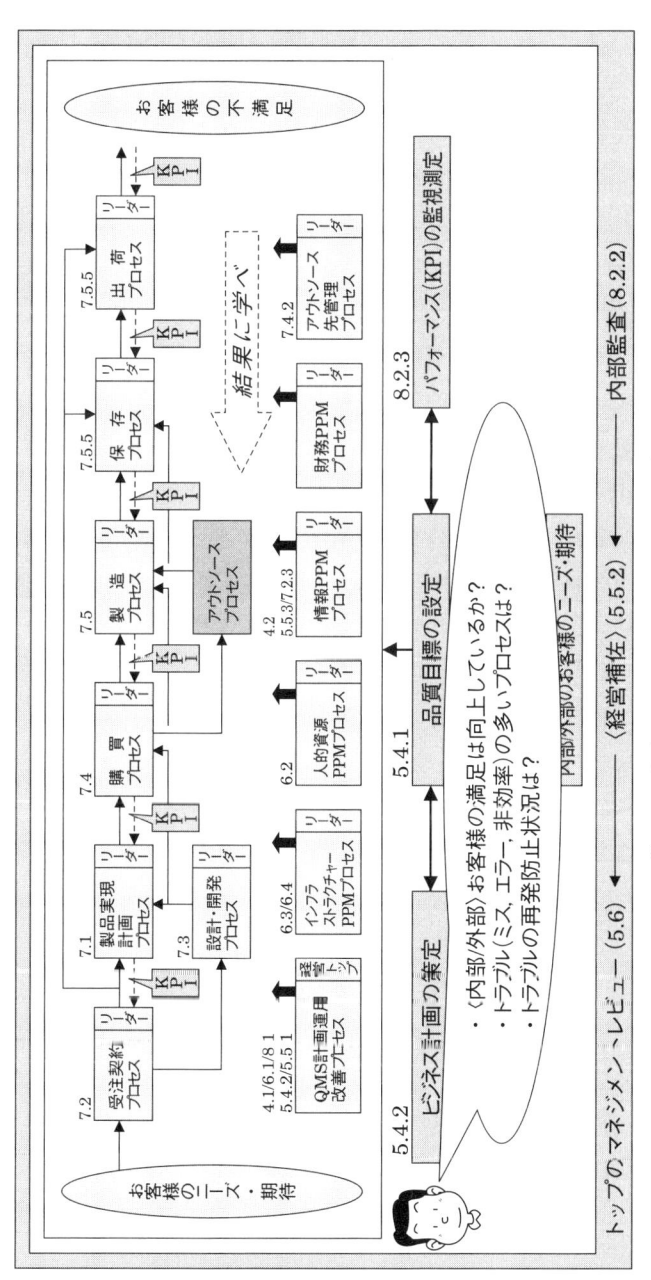

第11章 日常の"プロセス"のマネジメントの極意   183

図11.4 経営トップのレビューすべき事項

注 PPMとは，Plan，Provide，Maintainの略。

ムを描いた図 11.4 などを用いて,"〈内部/外部〉お客様の不満足"を含む"ビジネス（品質）の不都合な結果"に関する,マネジメントレビュー（5.6 節"マネジメントレビュー"参照）を実行することがポイントである.

まとめとして,"プロセス"ベースで自企業のシステムの再構築をすることで,最大の効果をあげることができる．ポイントは"体系的で目で見える方法"を活用すること．同時に ISO 9001, ISO 14001 及び OHSAS 18001 の条項をマッピングして"プロセス"のフロー図を使って，システムを運用することである（図 7.1 参照）．運用では，それぞれの条項を有効活用して，企業のビジネス・パフォーマンス（結果）を継続的にカイゼンすることである．

企業のシステムを構成する一連の"プロセス"の結果を，ISO 9001, ISO 14001 及び OHSAS 18001 の適切な条項を使って，日常,"プロセス・リーダー"がマネジメントを実行した場合の利点を挙げておく.

- ・〈内部/外部〉供給者と〈内部/外部〉お客様の"つながりや相互関係"が明確になり，どこの"つながりや相互関係"のムリ・ムダ・ムラのカイゼンを実行するべきかの議論が開始できる．成果として"部門間の障壁を打ち破る"ことができる.
- ・企業のシステムを構成する一連の"プロセス"のビジネス・パフォーマンス目標を，企業のビジネスの目的に直結させることができる.
- ・経営層を含む"プロセス・リーダー（上司）"や人々（部下）が，どのように貢献しているかがわかる.
- ・"各プロセス・リーダー"が,"各プロセス"のビジネス・パフォーマンス（結果）に,"オーナーシップ（当事者意識力）"を発揮するようになる．
- ・例えば，納期短縮などのビジネスの"変更"に対して，すばやい対応ができるようになる．
- ・ビジネス・パフォーマンスを，どのようにして達成したのかを追跡し，レビュー（CA）できる．

部門管理型システムのカイゼン

最後に改めて参考までに最大の効果は上げられないが，部門ベースのままでも ISO 9001 の本質を活用できることを整理しておく．

(1) 品質カイゼン目標（5.4.1項"品質目標"参照）の設定では，ISO 9001 の本質である"〈内部/外部〉お客様重視"を大いに適用すること

特に，品質カイゼン目標の設定方法の理解がポイントである．そのイメージを図 11.5 として示す．図 11.5 は，企業のある工場で，上流側から業務課，製造課，品質管理課と"つながり"を描いた図である．品質カイゼン目標の設定では，ISO 9001 の本質である"〈内部〉お客様重視"に基づき，下流側の部門の不満足情報を取り上げる．製造課の品質カイゼン目標は，品質管理課の不満足情報を取り上げる．業務課の品質カイゼン目標は，製造課の不満足情報を取り上げることがポイントである．図 11.5 には品質パフォーマンス指標の例もそれぞれ示した．

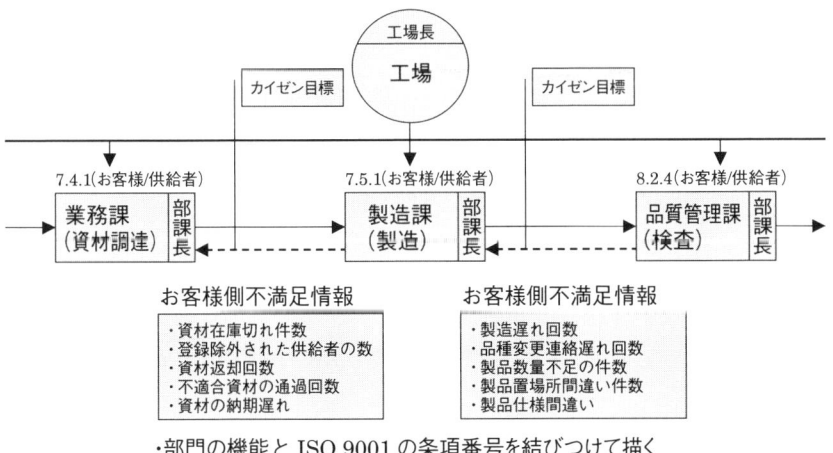

各部門間のつながりを描く
"〈内部〉お客様側重視"で部門間に品質目標を設定 !!

```
                            工場長
                             工場
         カイゼン目標                  カイゼン目標

   7.4.1(お客様/供給者)    7.5.1(お客様/供給者)    8.2.4(お客様/供給者)
   ┌─────┬──┐      ┌─────┬──┐      ┌─────┬──┐
   │ 業務課  │部│      │ 製造課  │部│      │品質管理課│部│
   │(資材調達)│課│      │ (製造)  │課│      │ (検査)  │課│
   │         │長│      │         │長│      │         │長│
   └─────┴──┘      └─────┴──┘      └─────┴──┘

     お客様側不満足情報           お客様側不満足情報
   ・資材在庫切れ件数         ・製造遅れ回数
   ・登録除外された供給者の数  ・品種変更連絡遅れ回数
   ・資材返却回数             ・製品数量不足の件数
   ・不適合資材の通過回数     ・製品置場所間違い件数
   ・資材の納期遅れ           ・製品仕様間違い
```

・部門の機能と ISO 9001 の条項番号を結びつけて描く
・部門の責任者(部課長名)を表記する

図 11.5 部門間の〈内部〉お客様の不満足に基づく，カイゼン目標の設定

(2) 部門ベースであっても，部門の機能（活動）と ISO 9001 の条項と結びつけること

この"結びつけ"を実施するには，各部門の機能を活動に分解することを忘れてはならない．図 11.6 に各部門の機能を一連の活動に分解して，ISO 9001 の適切な条項と"結びつけ"た例を示す．また，製品，情報及び仕事の流れに従って，線を結ぶと自ずと点線の四角で示したように，原材料の購買領域の"プロセス"として，部門ベースを再編するイメージにもなる．

最大の効果は得られないが"プロセスアプローチ"が未完成の部門ベースの企業のシステムであっても，"〈内部／外部〉お客様重視"の ISO 9001 を使うことが重要である．お客様側部門を明確にしてお客様側部門の不満足を取り上げ，当該部門間の"つながりや相互関係"のカイゼンに着手し，部門ベースの

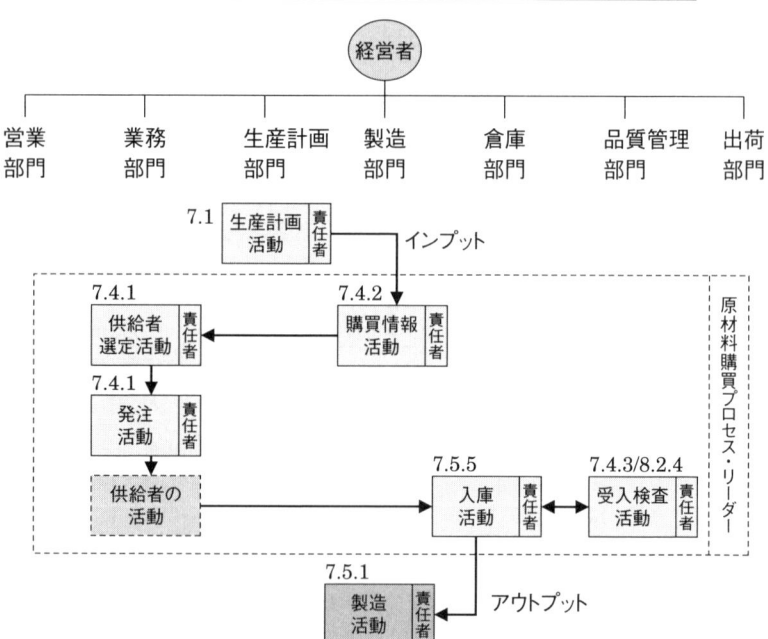

図 11.6　部門（機能）横断的に一連の活動を集めた例

企業のシステムであっても，"組織図"などを使うことである．製品，情報及び仕事などの流れに従って，すべての部門間の"つながり"を線で結んでみると，複雑さや不透明さに気づく．この複雑さや不透明さが，企業のムリ・ムダ・ムラの根源である．早く組織構造の改革に着手するのがよい．

　参考までに，ISO 9000 の 3.3.1 項"組織"は，"責任，権限及び相互関係が取り決められている人々及び施設の集まり"と定義している．補足すると，経営トップを含むリーダーを中心とした人々の責任，権限や役割分担が明確になっていることが，成熟度レベルの高いシステムである．また，ISO 9000 の 3.3.2 項"組織構造"は，"人々の責任，権限及び相互関係の配置"と定義している．経営トップまで部下の失敗は，上司の責任の認識を高める必要があるのではないだろうか．

あとがき

　企業のリーダーに，非常にポテンシャルの高い ISO 9001 を大いに活用する必要性に気づいていただきたい．そんな思いから本書の執筆にとりかかった．
　まずは自企業ですでに顕在化している"〈内部／外部〉お客様の不満足"を含む"ビジネス（品質）の不都合な結果"の再発防止のカイゼンから着手してほしい．"部門型管理システム"運用のムリ・ムダ・ムラが少なくなれば，"収益の向上"などの目的が達成できることの実効を積み重ねることである．この実効を通じて，ISO 9001 が自企業のシステム・カイゼンの重要なツールとして，大いに役立つということの認識を高めてほしいものである．

　次のステップとしては，適切な品質のカイゼン目標の設定にフォーカスすることである．潜在的な"〈内部／外部〉お客様の不満足"の中でも特に"〈内部〉お客様の不満足"を中心に顕在化させて，目標を設定することが重要である．
　この必要性に気づくには，リーダーが ISO 9001 の本質を理解しているかどうかに依存する．リーダーの理解が不十分な場合は，ISO 9001 を使った正しい内部監査（検証）の実行を通じて，ISO 9001 の本質の伝道／解説を継続することである．適切ならば，外部の目で診た ISO 9001 を使った正しい検証を受けるのもよい．
　"〈内部〉お客様の不満足"をカイゼンするためには，適切な品質目標を設定して，グラフ化することである．このグラフの傾向と特性を"当該プロセス・リーダー"がよく分析することである．ISO 9001 の適切な条項を大いに使って"当該プロセス・リーダー"が反省し，カイゼンすることを忘れないでほしい．このグラフの傾向と特性を"当該プロセス・リーダー"が日常，診ておけば，"〈内部〉お客様の不満足"の発生を未然に防ぐ（予防する）こともできる．

企業のシステム・カイゼンの目的を達成するためには，ISO 9001 の本質を理解したリーダーの"マインドの質"レベルの向上を図っていく，企業独自の"ウェイ"づくりも大切である．

　筆者は，企業の仕事に関する会議や原因分析などにおいて，リーダーは ISO 9001（対訳版）を常時携帯することを提案したい．"〈内部/外部〉お客様重視の ISO 9001 では，どういっているか？"の土俵上で，一丸となって対話（ダイアログ）を実行し，適切な意思決定をすることである．

　ISO 9001 の本質の導入が，"正の連鎖（ポジティブ・スパイラル）"の成果を得るようにしたいものである．

　筆者としては，長年にわたり培った知識と経験，並びに ISO 9001 の本質に基づき，今までなかなか触れられていない，企業の"部門型管理システム"運用のムリ・ムダ・ムラのカイゼン論についてズバリと踏み込んだつもりである．本書が ISO を導入されている又は導入を予定されている，あらゆる企業やその他のリーダーの"気づき"に役立つことを願っている．

　末筆ながら，本書の発行にあたっては，日本規格協会の田中正躬理事長，中泉純理事を始めとする皆様方のご支援ご尽力のたまものと，心より感謝，御礼申し上げます．

　2010 年 9 月

古賀　章裕

巻 末 資 料

・カイゼンの可能性報告書

・表1　あるプロセスにおける，品質・環境・安全側面でのマネジメントすべき関連条項対比表

・表2　企業の"部門型管理システム"をISO 9001で分解し一連の活動を抽出する方法

・表3　当該プロセス・リーダーとしての自己反省すべきポイントの例

カイゼンの可能性報告書

カイゼン基準：ISO 9001：2008

作成年月日： 　年　月　日	No.：
発見対象プロセス/領域：	
該当する条項：	発見者：
ビジネス（品質）の不都合な結果： ＊当該プロセス/領域の"ビジネスの不都合な結果"に対する，ISO 9001の適切な条項の内容の記述． ＊発見された"ビジネスの不都合な結果"の事実の記述． 当該プロセス・リーダー：　　　　　　　　　発見者：	
レビュー： 経営補佐：　　　　　　　　　　　　　　　　日付：	
応急処置： ＊処置日を明記して，現状復帰をすること．	
完了予定日：　　　　　　　当該プロセス・リーダー：	
レビュー： 経営補佐：　　　　　　　　　　　　　　　　日付：	
是正処置： ＊原因分析で仕組み及び責任の弱かった点を強くする対策を打つこと． ＊カイゼンの実行で忘れてはならないのは，活動の責任者に力量が身につくまでは，当該プロセス・リーダーが一緒になってその活動を実行し，立会い評価し，力量があると判断したら権限委譲することである．同時に必ず，力量の評価結果の記録を残すこと(6.2.2項のe)参照). 　(山本五十六サイクルを回す："やって見せ，言って聞かせ，立ち会ってやらせて，ほめて，課題を一緒に考えることを忘れずに)	
完了予定日：　　　　　　　当該プロセス・リーダー：	
レビュー： 経営補佐：　　　　　　　　　　　　　　　　日付：	

巻末資料

カイゼンの可能性報告書（つづき）

特定されたビジネスの不都合な結果の根本的原因条項の分析表
出席したプロセス・リーダー：　　　　　　日付：
レビュー： 経営補佐：　　　　　　　　　　　　　　　　日付：
使用した問題解決技法：経営補佐がコーディネーター． ・QMS のフローチャートと当該プロセスのフローチャート，並びに ISO 9001：2008（対訳版） ・関連するプロセス・リーダーによるブレーンストーミング
レビュー： 経営補佐：　　　　　　　　　　　　　　　　日付：
ISO 9001 を使った原因分析： ① 当該プロセス（仕組み）関連（発見された条項）：20％ ・発見された条項に関する現状の仕組みの何が，どこが弱かったのか？　当該プロセス・リーダーがレビューする． ② 責任関連（当該プロセス・リーダーによる自己反省）：80％ ・5.5.1 項："責任及び権限"参照：〈当該プロセス・リーダーとして，この条項の必要事項を理解し，運用を実行していたか？　自己反省する．〉 ・6.2.2 項の a)/b)/c) 参照：〈当該プロセス・リーダーとして，この条項の必要事項を満たした運用を実行していたか？　自己反省する．〉 ・6.2.2 項の d) 参照：〈当該プロセス・リーダーとして，この条項の必要事項を満たした運用を実行していたか？　自己反省する．〉 ・6.2.2 項の e) 参照：〈当該プロセス・リーダーとして，この条項の必要事項を満たした運用を実行していたか？　自己反省する．〉 ③ その他のプロセスと責任関連： ・その他のプロセス及び責任について，プロセスの妥当性確認（7.5.2 項参照）を使って，お客様側プロセスに不満足を与えていなかったか？を中心に各プロセス・リーダーが自己反省する． ・典型的例："製造遅れ"　7.5 節→ 7.4 節→ 7.3 節→ 7.2 節→ 7.1 節それぞれのプロセスの妥当性を確認する（7.5.2 項参照）．
レビュー： 経営補佐：　　　　　　　　　　　　　　　　日付：

表1 あるプロセスにおける，品質・環境・安全側面でのマネジメントすべき関連条項対比表

＊最新の各マネジメントシステム規格の附属書（参考）より編集

ISO 9001：2008		ISO 14001：2004		OHSAS 18001：2007	
4	品質マネジメントシステム	4	環境マネジメントシステム要求事項	4	OH＆Sマネジメントシステム要求事項
4.1	一般要求事項	4.1	一般要求事項	4.1	一般要求事項
4.2	文書化に関する要求事項				
4.2.1	一般	4.4.4	文書類	4.4.4	文書類
4.2.2	品質マニュアル				
4.2.3	文書管理	4.4.5	文書管理	4.4.5	文書管理
4.2.4	記録の管理	4.5.4	記録の管理	4.5.4	記録の管理
5	経営者の責任				
5.1	経営者のコミットメント	4.2 4.4.1	環境方針 資源，役割，責任及び権限	4.2 4.4.1	OH＆S方針 資源，役割，実行責任，説明責任及び権限
5.2	顧客重視	4.3.1 4.3.2 4.6	環境側面 法的及びその他の要求事項 マネジメントレビュー	4.3.1 4.3.2 4.6	危険源の特定，リスクアセスメント及び管理策の決定 法的及びその他の要求事項 マネジメントレビュー
5.3	品質方針	4.2	環境方針	4.2	OH＆S方針
5.4	計画	4.3	計画	4.3	計画
5.4.1	品質目標	4.3.3	目的，目標及び実施計画	4.3.3	目標及び実施計画
5.4.2	品質マネジメントシステムの計画	4.3.3	目的，目標及び実施計画	4.3.3	目標及び実施計画
5.5	責任，権限及びコミュニケーション				
5.5.1	責任及び権限	4.1 4.4.1	一般要求事項 資源，役割，責任及び権限	4.1 4.4.1	一般要求事項 資源，役割，実行責任，説明責任及び権限
5.5.2	管理責任者	4.4.1	資源，役割，責任及び権限	4.4.1	資源，役割，実行責任，説明責任及び権限
5.5.3	内部コミュニケーション	4.4.3	コミュニケーション	4.4.3	コミュニケーション，参加及び協議
5.6	マネジメントレビュー	4.6	マネジメントレビュー	4.6	マネジメントレビュー
5.6.1	一般	4.6	マネジメントレビュー	4.6	マネジメントレビュー
5.6.2	マネジメントレビューへのインプット	4.6	マネジメントレビュー	4.6	マネジメントレビュー
5.6.3	マネジメントレビューからのアウトプット	4.6	マネジメントレビュー	4.6	マネジメントレビュー

表1 (つづき)

ISO 9001:2008		ISO 14001:2004		OHSAS 18001:2007	
6	資源の運用管理				
6.1	資源の提供	4.4.1	資源,役割,責任及び権限	4.4.1	資源,役割,実行責任,説明責任及び権限
6.2	人的資源				
6.2.1	一般	4.4.2	力量,教育訓練及び自覚	4.4.2	力量,教育訓練及び自覚
6.2.2	力量,教育・訓練及び認識	4.4.2	力量,教育訓練及び自覚	4.4.2	力量,教育訓練及び自覚
6.3	インフラストラクチャー	4.4.1	資源,役割,責任及び権限	4.4.1	資源,役割,実行責任,説明責任及び権限
6.4	作業環境				
7	製品実現	4.4	実施及び運用	4.4	実施及び運用
7.1	製品実現の計画	4.4.6	運用管理	4.4.6	運用管理
7.2	顧客関連のプロセス				
7.2.1	製品に関連する要求事項の明確化	4.3.1	環境側面	4.3.1	危険源の特定,リスクアセスメント及び管理策の決定
		4.3.2	法的及びその他の要求事項	4.3.2	法的及びその他の要求事項
		4.4.6	運用管理	4.4.6	運用管理
7.2.2	製品に関連する要求事項のレビュー	4.3.1	環境側面	4.3.1	危険源の特定,リスクアセスメント及び管理策の決定
		4.4.6	運用管理	4.4.6	運用管理
7.2.3	顧客とのコミュニケーション	4.4.3	コミュニケーション	4.4.3	コミュニケーション,参加及び協議
7.3	設計・開発				
7.3.1	設計・開発の計画	4.4.6	運用管理	4.4.6	運用管理
7.3.2	設計・開発へのインプット	4.4.6	運用管理	4.4.6	運用管理
7.3.3	設計・開発からのアウトプット	4.4.6	運用管理	4.4.6	運用管理
7.3.4	設計・開発のレビュー	4.4.6	運用管理	4.4.6	運用管理
7.3.5	設計・開発の検証	4.4.6	運用管理	4.4.6	運用管理
7.3.6	設計・開発の妥当性確認	4.4.6	運用管理	4.4.6	運用管理
7.3.7	設計・開発の変更管理	4.4.6	運用管理	4.4.6	運用管理
7.4	購買				
7.4.1	購買プロセス	4.4.6	運用管理	4.4.6	運用管理
7.4.2	購買情報	4.4.6	運用管理	4.4.6	運用管理
7.4.3	購買製品の検証	4.4.6	運用管理	4.4.6	運用管理

表1 （つづき）

	ISO 9001:2008		ISO 14001:2004		OHSAS 18001:2007
7.5	製造及びサービス提供				
7.5.1	製造及びサービス提供の管理	4.4.6	運用管理	4.4.6	運用管理
7.5.2	製造及びサービス提供に関するプロセスの妥当性確認	4.4.6	運用管理	4.4.6	運用管理
7.5.3	識別及びトレーサビリティ				
7.5.4	顧客の所有物				
7.5.5	製品の保存	4.4.6	運用管理	4.4.6	運用管理
7.6	監視機器及び測定機器の管理	4.5.1	監視及び測定	4.5.1	パフォーマンスの測定及び監視
8	測定，分析及び改善	4.5	点検	4.5	点検
8.1	一般	4.5.1	監視及び測定	4.5.1	パフォーマンスの測定及び監視
8.2	監視及び測定				
8.2.1	顧客満足				
8.2.2	内部監査	4.5.5	内部監査	4.5.5	内部監査
8.2.3	プロセスの監視及び測定	4.5.1	監視及び測定	4.5.1	パフォーマンスの測定及び監視
		4.5.2	順守評価	4.5.2	順守評価
8.2.4	製品の監視及び測定	4.5.1	監視及び測定	4.5.1	パフォーマンスの測定及び監視
		4.5.2	順守評価	4.5.2	順守評価
8.3	不適合製品の管理	4.4.7	緊急事態への準備及び対応	4.4.7	緊急事態への準備及び対応
		4.5.3	不適合並びに是正処置及び予防処置	4.5.3	発生事象の調査，不適合，是正処置及び予防処置
8.4	データの分析	4.5.1	監視及び測定	4.5.1	パフォーマンスの測定及び監視
8.5	改善				
8.5.1	継続的改善	4.2	環境方針	4.2	OH&S方針
		4.3.3	目的，目標及び実施計画	4.3.3	目標及び実施計画
		4.6	マネジメントレビュー	4.6	マネジメントレビュー
8.5.2	是正処置	4.5.3	不適合並びに是正処置及び予防処置	4.5.3	発生事象の調査，不適合，是正処置及び予防処置
8.5.3	予防処置	4.5.3	不適合並びに是正処置及び予防処置	4.5.3	発生事象の調査，不適合，是正処置及び予防処置

巻末資料

表2 企業の"部門型管理システム"をISO 9001で分解し一連の活動を抽出する方法

	経営層	経営補佐	営業部門	販売部門	生産計画部門	資材調達部門	製造部門	経営計画部門	品質保証部門	製品品質保管部門	物流部門	開発部門	特許部門	法務部門	総務部門	人事部門	設備保全部門	企画部門	外注管理部門
4.1 一般要求事項																			
4.2.1 一般																			
4.2.2 品質マニュアル																			
4.2.3 文書管理																			
4.2.4 記録の管理																			
5.1 経営者のコミットメント																			
5.2 顧客重視																			
5.3 品質方針																			
5.4.1 品質目標																			
5.4.2 品質マネジメントシステムの計画																			
5.5.1 責任及び権限																			
5.5.2 管理責任者																			
5.5.3 内部コミュニケーション																			
5.6.1 一般																			
5.6.2 マネジメントレビューへのインプット																			
5.6.3 マネジメントレビューからのアウトプット																			
6.1 資源の提供																			
6.2 人的資源																			
6.3 インフラストラクチャー																			
6.4 作業環境																			

注 ISO 9001の条項でタイトルのみの場合は省略しています。
注 横軸の部門名は一つの例である。

表2 (つづき)

	経営層	経営補佐	営業部門	販売部門	生産計画部門	資材調達部門	製造部門	経営計画部門	品質保証部門	製品保管部門	物流部門	開発部門	特許部門	法務部門	総務部門	人事部門	設備保全部門	企画部門	外注管理部門
7.1 製品実現の計画																			
7.2.1 製品に関連する要求事項の明確化																			
7.2.1a)																			
7.2.1b)																			
7.2.1c)																			
7.2.1d)																			
7.2.2 製品に関連する要求事項のレビュー																			
7.2.2a)																			
7.2.2b)																			
7.2.2c)																			
7.2.3 顧客とのコミュニケーション																			
7.3 設計・開発																			
7.3.1 設計・開発の計画																			
7.3.2 設計・開発へのインプット																			
7.3.3 設計・開発からのアウトプット																			
7.3.3a)																			
7.3.3b)																			
7.3.3c)																			
7.3.3d)																			
7.3.4 設計・開発のレビュー																			
7.3.5 設計・開発の検証																			
7.3.6 設計・開発の妥当性確認																			
7.3.7 設計・開発の変更管理																			

注 ISO 9001の条項でタイトルのみの場合は省略しています。
注 横軸の部門名は一つの例である。

表 2 (つづき)

	経営層	経営補佐	営業部門	販売部門	生産計画部門	資材調達部門	製造部門	経営計画部門	品質保証部門	製品保管部門	物流部門	開発部門	特許部門	法務部門	総務部門	人事部門	設備保全部門	企画部門	外注管理部門
7.4 購買																			
7.4.1 購買プロセス																			
7.4.2 購買情報																			
7.4.3 購買製品の検証																			
7.5.1 製造及びサービス提供の管理																			
7.5.2 製造及びサービス提供に関するプロセスの妥当性確認																			
7.5.3 識別及びトレーサビリティ																			
7.5.4 顧客の所有物																			
7.5.5 製品の保存																			
7.6 監視機器及び測定機器の管理																			
8.1 一般																			
8.2.1 顧客満足																			
8.2.2 内部監査																			
8.2.3 プロセスの監視及び測定																			
8.2.4 製品の監視及び測定																			
8.3 不適合製品の管理																			
8.4 データの分析																			
8.5.1 継続的改善																			
8.5.2 是正処置																			
8.5.3 予防処置																			

注 ISO 9001 の条項でタイトルのみの場合は省略しています。
注 横軸の部門名は一つの例である。

表3 当該プロセス・リーダーとして自己反省すべきポイントの例

	自己反省の事項	ISO 9001の条項	弱かった反省点
1	〈自分の責任権限及び役割分担を理解し,部下に役割分担を認識させていたか?〉〈内部/外部お客様側プロセスのプロセス・リーダーは誰か,認識していたか?〉	5.5.1 "責任及び権限"参照	
2	〈部下に必要な力量は何か?〉〈ISO 9001をベースに明確にしていたか?〉	6.2.2項のa)参照	
3	〈部下に必要な力量がもてるようにトレーニングを実行したか?〉	6.2.2項のb)参照	
4	〈トレーニング後,部下の力量の有効性を立会い評価して,権限委譲をしたか?〉	6.2.2項のc)参照	
5	〈部下に仕事のもつ意味と重要性を,内部/外部お客様重視で言って聞かせたか?〉〈部下に品質目標の達成に向けてどのように貢献してほしいか,認識させていたか?〉	6.2.2項のd)参照	
6	〈立会い評価の結果,部下の適切な力量の記録を残していたか?〉	6.2.2項のe)参照	
7	〈当該の内部/外部お客様側の不満足をカイゼンするために,当該プロセス間で品質のカイゼン目標として設定していたか?〉	8.2.1 "顧客満足"及び5.4.1 "品質目標"参照	
8	〈その品質目標に対する品質パフォーマンスを測定し,グラフ化していたか?〉	8.2.3 "プロセスの監視・測定"参照	
9	〈そのグラフの傾向と特性を見て,データの分析をしていたか?〉	8.4 "データの分析"参照	
10	〈根本的な原因分析で,当該の仕組みと自分の責任を抜かしていないか?〉	8.5.2項のb)参照	
11	〈カイゼンの結果は,よくなっているか?〉	8.5.2項のe)参照	

* 注 自己反省の事項は筆者の補足なので〈 〉で示した.

参 考 文 献

1) 古賀章裕(2009)：ビジネス結果の継続的改善の極意，CD版(非売品/会員限定)，日本化学工業協会
2) 古賀章裕（2001）：2000年版でもとめられているのは文書化自体ではなくプロセス品質をレベルアップするためのマネジメントシステム，ISOMS，2001年9月
3) 平井勝利（2006）：モノづくりの原点―よいモノづくりはよい人づくりから，標準化と品質管理，Vol.59，No.7
4) 酒巻久（2006）：隠し事をしない組織はトップがつくる"失敗をほめ，吸い上げる"，日経エコロジー，2006年12月
5) 倉坂智子（2001）：材料の流れを徹底的に把握する（マテリアル・フロー・コスト会計で資材のムダを省く），日経エコロジー，2001年3月
6) 桜井正光（2007）：仕事のない日々から"顧客起点"を学ぶ，朝日新聞フロントランナー，2007年6月2日
7) チャールズ・D.レイクⅡ（2009）：仕事力：自信を持つべき日本，朝日新聞朝日求人，2009年6月28日
8) 週刊ダイヤモンド（1992）：特集　人減らしだけでいいのか"部課長改造に乗り出す"，週間ダイヤモンド，1992年9月19日
9) 毛利衛（2005）：時代の証言者：宇宙と地球③，讀賣新聞，2005年10月5日
10) 朝日新聞（2003）：客船火災の原因検証：マニュアル頼り，熟練工に"緩み"，朝日新聞，2003年11月1日
11) 日刊工業新聞（2006）：第2部　企業の信頼と"誇り"：⑥企業道義，日刊工業新聞，2006年3月7日
12) ダイヤモンド・オンライン（2007）：世界のビジネスプロフェッショナルたち　思想家編　第10回"ピーター・ドラッカー　マネジメントの父"，ダイヤモンド・オンライン，2010年5月3日閲覧
13) ダイヤモンド・オンライン（2008）：世界のビジネスプロフェッショナルたち　思想家編　第17回"キャプラン＆ノートン　バランスト・スコアカード"，ダイヤモンド・オンライン，2010年5月3日
14) ダイヤモンド・オンライン（2008）：世界のビジネスプロフェッショナルたち　思想家編　第28回"ジョセフ・ジュラン　品質管理"，ダイヤモンド・オンライン，2010年5月3日
15) ダイヤモンド・オンライン（2008）：世界のビジネスプロフェッショナルたち

思想家編　第 43 回"フィリップ・クロスビー　ZD（欠陥ゼロ）運動"，ダイヤモンド・オンライン，2010 年 5 月 3 日
16）　ダイヤモンド・オンライン（2008）：世界のビジネスプロフェッショナルたち思想家編　第 44 回"W. エドワーズ・デミング　TQM（Total Quality Management）"，ダイヤモンド・オンライン，2010 年 5 月 3 日閲覧
17）　ダニエル・ハント，小林薫訳（1997）：超品質―21 世紀の波 クオリティ・ファースト，西村書店
18）　岡本正耿（2003）：経営品質入門，生産性出版
19）　P. プリチェット（2005）：横方向のマネジメント，プリチェットジャパン
20）　J.P.・コッター，黒田由貴子訳（1999）：リーダーシップ論―いま何をすべきか，ダイヤモンド社
21）　エリヤフ・ゴールドラット，三本木亮訳（2001）：ザ・ゴール，ダイヤモンド社
22）　吉田耕作（2000）：国際競争力の再生―Joy of Work から始まる TQM のすすめ，日科技連出版社
23）　阿川弘之（1973）：山本五十六（上巻），新潮社文庫
24）　E. フロム，日高六郎訳（1980）：自由からの逃走，東京創元社
25）　Bywater plc.（1994）：品質システム主任審査員 / 審査員研修コース・テキスト，日本化学工業協会
26）　Bywater plc.（1998）：審査員アップデートコース・テキスト，日本化学工業協会
27）　The GoodCorporation Standard（2007 年版），Institute of Business Ethics
28）　EFQM Excellence Model（1997 年版），British Quality Foundation
29）　Deming,W.Edwards（1986）：Out of Crisis，MIT Press. ISBN 0-911379-010
30）　Deming,W.Edwards（2000）：The New Economics for Industry, Government, Education -2nd Edition，MIT Press. ISBN 0-262-54116-5
31）　ISO 9000：2005　品質マネジメントシステム―基本及び用語（英和対訳版），日本規格協会
32）　ISO 9001：2008　品質マネジメントシステム―要求事項（英和対訳版），日本規格協会
33）　ISO 9004：2000　品質マネジメントシステム―パフォーマンス改善の指針（英和対訳版），日本規格協会
34）ISO 9004：2009　Managing for the susuteained success of an organization－A quality management approach，国際標準化機構
35）ISO 14001：2004　環境マネジメントシステム―要求事項及び利用の手引（英和対訳版），日本規格協会
36）OHSAS 18001：2007　労働安全衛生マネジメントシステム―要求事項（英和

対訳版—改定版），日本規格協会
37）ISO 19011：2002　品質/環境マネジメントシステム監査の指針（英和対訳版），日本規格協会
38）ISO/IEC 17021：2006　マネジメントシステムの審査及び認証を提供する機関に対する要求事項（英和対訳版），日本規格協会
39）宮澤武明（2009）：中小企業とＳＲ（社会的責任）― ISO/SR の国際標準化をめぐる最近の動向，経済産業省 基準認証政策課，2009年2月3日
40）経済産業省（2008）：マネジメントシステム規格認証制度の信頼性確保のためのガイドライン，経済産業省，2008年7月29日
41）日本適合性認定協会（2007）：マネジメントシステムに係る認証審査のあり方，日本適合性認定協会，2007年4月13日
42）ISO（2008）：Gudance on the concept and use of the process approach for managemet systems, ISO/TC 176/SC2/N544R3　2008年10月
43）IRCA（2004）：付加価値のある審査を行うには，ISO/IAF 審査実施グループ（APG）論考集，2004年10月
44）IRCA（2005）：内部監査の有効性を審査する，ISO/IAF 審査実施グループ（APG），2005年1月
45）IRCA（2005）：品質マネジメントシステムを組織と事業の成功に整合させる，ISO/IAF 審査実施グループ（APG），2005年1月
46）ISO&IAF（2005）："PROCESS APPROACH" BASED ACCREDITATION AUDIT，TC176/AAPG，2005年7月30日
47）ISO&IAF（2005）：The Witnessing of CRB Audits by an Accreditation Body，TC176/AAPG，2005年7月30日
48）Fraser Paterson（2006）：全体像，IRCA インフォ（Issue 11）
49）Nick Thorpe（2005）：新しい種類の審査，IRCA インフォ（Issue 9）
50）Denise Robitaille（2007）：社内における業務―内部監査を考える，IRCA インフォ（Issue 15）
51）デレク・グレーヴストック（2004）：最高の機会，IRCA インフォ（Issue 3）
52）Rob Peddle, Ian Rosam（2005）：CSR―重役達のチャンスか，それとも頭痛の種か？，IRCA インフォ（Issue 7）
53）David Smith（2009）：コーポレートガバナンスに統合マネジメントの必要あり，IRCA インフォ（Issue 23）

索　引

【あ　行】

意思決定への事実に基づくアプローチ
　91
お客様　10

【か　行】

活動　29
監査　72, 150
　──結論の作成　151
　──証拠　156
　──の原則　150
供給者　10
　──との互恵関係　79
継続的改善　32
効率　32
顧客　10
コミットメント　50

【さ　行】

サプライチェーン　85
システム　11
製品　32
組織　187
　──構造　11, 187

【た　行】

妥当性確認　102
つながりや相互関係　13

トラブル　13

【な　行】

〈内部／外部〉お客様重視　20
〈内部／外部〉供給者との互恵関係
　24

【は　行】

パフォーマンス　32
ビジネス　12
　──の不都合な結果　12
人々の参画　26
品質　27
　──パフォーマンス指標　33
　──マネジメント　11, 26
　──マネジメントの原則　85
部門型管理システム　11
プロセス　29
　──アプローチ　20
　──型マネジメントシステム　11, 29

【ま　行】

マインド（こころ）の質　13
マネジメントシステム　11
マネジメントへのシステムアプローチ
　24
ムリ・ムダ・ムラ　12

【や 行】

有効性　32

【ら 行】

リーダー　13
──シップ　26
利害関係者　12
力量　157
リスク　13

著 者 紹 介

古賀　章裕

(略歴)
1944 年11月　生まれ
1971 年 3 月　早稲田大学　理工学研究科（機械工学専攻）修士卒業
1971 年 4 月～2005 年 4 月　旭硝子株式会社（現 AGC）
1997 年 3 月～2010 年 3 月　(社)日本化学工業協会　ISO 研修センター
2010 年 4 月～現在　AK ビジネス・マネジメント　代表

(ISO に関する主な資格)
IRCA 登録 QMS 2000 リード・オーディター〈A012066〉
JRCA 登録 QMS 2008 主任審査員（コンピテンス）〈A02077〉
CEAR 登録 EMS 2004 主任審査員〈A5438〉
日本経営品質賞登録 2001 アセッサー〈JQAC01327〉など

(連絡先)
筆者自宅
〒 222-0022
横浜市港北区篠原東 1-10-21
TEL/FAX：045-433-5450
E メール：akoga9004 @ nifty.com

ISO 9001 を活用した
企業・組織のムリ・ムダ・ムラ改善

定価：本体 1,900 円（税別）

2010 年 9 月 30 日　　第 1 版第 1 刷発行
2012 年 4 月 24 日　　　　第 2 刷発行

著　　者　古賀　章裕
発 行 者　田中　正躬
発 行 所　一般財団法人 日本規格協会
　　　　　〒107-8440　東京都港区赤坂 4 丁目 1-24
　　　　　　http://www.jsa.or.jp/
　　　　　　振替　00160-2-195146
印 刷 所　日本ハイコム株式会社
製　　作　株式会社群企画

©Akihiro Koga, 2010　　　　　　　　　　Printed in Japan
ISBN978-4-542-50430-1

当会発行図書，海外規格のお求めは，下記をご利用ください．
　営業サービスユニット：(03)3583-8002
　書店販売：(03)3583-8041　注文 FAX：(03)3583-0462
　JSA Web Store：http://www.webstore.jsa.or.jp/
編集に関するお問合せは，下記をご利用ください．
　編集制作ユニット：(03)3583-8007　FAX：(03)3582-3372
●本書及び当会発行図書に関するご感想・ご意見・ご要望等を，
　氏名・年齢・住所・連絡先を明記の上，下記へお寄せください．
　　e-mail：dokusya@jsa.or.jp　FAX：(03)3582-3372
　（個人情報の取り扱いについては，当会の個人情報保護方針によります．）